すぐに役立つ！ 株の基本から銘柄の選び方まで

図解 東大生が書いた 世界一やさしい 株の教科書

東京大学株式投資クラブAgents 著

PHP

はじめに

数多く出版されている株式投資の本のなかから、私たちの本を手に取っていただき、ありがとうございます。

世界を襲った未曾有の金融危機から早7年。この間、多くの会社が新たに産声《うぶごえ》をあげる一方で、多くの会社がその歴史に幕を下ろし、株式市場を取り巻く環境も大きな変化を繰り返してきました。それでも株式投資において、最も重要な部分は何も変わっていないと私たちは考えています。

それは、自分で調べ、分析し、深く考えたうえで投資する銘柄を選び出すということです。自分のお金を自分で運用するのは、非常にエキサイティングでおもしろいことですが、最初の一歩を踏み出しにくいのも事実です。

そこで「株式投資に興味はあるけど、どうやって始めればいいのかわからない……」という方々の応援を少しでもできればと思い、株式投資を始めるにあたって欠かせないことを説明しつつ、あくまで実践重視の入門書を目指して執筆しました。

株式投資にはさまざまな方法があり、絶対的に正しい答えがない世界です。そんななかで、本書が水先案内人となって、少しでも皆様の株式投資のお役に立ち、株式投資のおもしろさ・素晴らしさを伝えることができれば、私たちにとって何よりの喜びです。

最後となりましたが、今回の執筆にあたってご尽力いただいたPHP研究所エンターテインメント出版部の木南勇二編集長をはじめ、本書にご協力いただいた方々、また、勉強会などで私たちを指導してくださっているすべての方々に、この場を借りて心より御礼申し上げます。

東京大学株式投資クラブAgents一同

登場人物の紹介

勤くん

中高一貫の男子校出身で、勉強ひとすじの真面目な人生を歩んできた。弁論部で鍛えた論理的思考に自信があるが、女性関係には論理が通用しないこともあって、いつも「お友達」止まり。

社会・経済をより深く理解したいという思いから、株式投資に挑戦する。


茶道をたしなむ大和撫子。中学校までパリに住んでいて、英語とフランス語の達人というお嬢様。かわいい天然ボケを発揮して、周りの男性から注目を集めている。

株についてはまったくの初心者で、投資に対して少し怖いイメージをもっていたが、持ち前の好奇心から学ぶことにした。

彩ちゃん

遊太くん

関西出身のお笑い大好き人間。明るい性格とモデル並の外見で合コンでの人気を独り占めしているが、ひと言多いため、あと一歩というところでフラれる日々。

お金が儲かりそうなものは一通り学んでいるので、株にはけっこう詳しい。しかし、親は株で失敗した経験があるらしく、株式投資に反対している。

株レラ先生

（Lesson3担当）


日本マッスル大学を卒業後、MIT（めっちゃいかついティーチャー養成学校）に留学。その後、株式運用の世界に転身し、今では「この人が動けば相場が動く」といわれるほど。

「株式投資が未来の日本をつくるのだ」と、株式投資の普及に尽力している。


化粧品会社OLから教師に転職。さまざまな男性とのつき合いから、「株式投資の銘柄選びは、いい男を見抜くことと同じ」という大胆な主張を展開する個人投資家。

いい男も売りどきがくれば利食いするらしい……。


（Lesson2担当）

紀香先生

金七先生

（Lesson 1 担当）


金八先生に憧れて教師になった。しかし、今ひとつ何かが足りない。

『「人」という字は両方が支え合っているように見えるけれど、明らかに長い線のほうが楽をしている！　人間は孤独だ……』。過去を話したがらないため、彼の人生は謎に包まれている。

［図解］東大生が書いた世界一やさしい株の教科書◎目次

はじめに 2
登場人物の紹介 3

Lesson 1 株ってどういうものですか？

01 そもそも株って何？
会社に出資した人が金額に応じて譲り受ける権利の証明書 8

02 株式投資のメリットとは？――配当・キャピタルゲイン
株式に投資するメリットは大きく5つある 10

03 株式投資のメリットとは？――優待・経営参加・分割
「株主優待制度」を最重視する投資家もいる 12

04 優待や配当のメリットを受けるには？
「権利確定日」当日に株を持っていればいい 14

05 株式市場ってどんなところ？
一流企業の市場とベンチャー企業の市場 16

06 株はどんなふうに売買されるのか
「価格を指定する注文」と「価格を指定しない注文」 18

07 現物取引と信用取引の違い
現物取引しかしない人も信用取引を無視できない 20

08 株を買う準備をしよう
どの証券会社を選べばいいか 22

09 いつ買うか、いつ売るか
株の取引で一番難しいのは「売るとき」 24

10 株式投資の自分ルールをつくろう
「大失敗しないための5つの基本」を守る 26

［インタビュー］株式投資とは「自立する個人の育成」（津田 栄氏） 28

Lesson 2 銘柄を選ぶ決め手はなんですか？

11 会社の体力をチェックしよう〈損益計算書（P／L）編〉
その会社がどうやって利益をあげているのかを知る 30

12 会社の体力をチェックしよう〈貸借対照表（B/S）編①〉
流動負債はどうか、株主資本はどうか …… 32

13 会社の体力をチェックしよう〈貸借対照表（B/S）編②〉
会社の安定性を知るための重要な指標 …… 34

14 連結決算――会社の業績をグループ全体でチェック
潜在的な経営課題はないか？ …… 36

15 指標の使い方をマスターしよう〈PERとPBR〉
「株価収益率」と「株価純資産倍率」の使い方 …… 38

16 指標の使い方をマスターしよう〈ROEその他〉
「自己資本利益率」で経営効率と配当能力を知る …… 40

17 会社の動きをとらえよう〈業種・会社の特徴〉
これから期待できる業種・会社は？ …… 42

18 会社の動きをとらえよう〈業績を変える要因〉
新商品・新技術の開発、リストラ、不祥事、天候 …… 44

19 会社の動きをとらえよう〈資金調達〉
増資、自己株式取得で株価はどう動くか …… 46

20 チャートの分析をしよう〈ローソク足・トレンドラインなど〉
売り・買いのタイミングを知る …… 48

21 チャートの分析をしよう〈出来高・レーティング〉
株価の上がりそうな銘柄はどれか …… 50

◎クイズで身につく株式投資力①
指標を利用した銘柄選び …… 52

Lesson 3
株価はどうして上下するんですか？

22 市場心理で株価は上下する
ニュースを分析して市場心理を読む …… 54

23 経済指標で株価は動く
「経済指標」と「市場心理」の関係を知る …… 56

24 金利と株価は表裏一体――政策金利でどう動く？
短期金融市場の金利は株価にどう影響するか …… 58

25 金利と株価は表裏一体――国債の金利でどう動く？
株式市場と国債市場とは相反する関係 …… 60

26 為替に左右される輸出業界・輸入業界
円安は輸出業界にプラス、円高は輸入業界にプラス …… 62

Contents

27 政治・国際情勢も要チェック
経済政策、政局、革命、戦争などが株価を動かす …… 64

28 日経新聞の読み方
「何があった」から「だからどうなるか」を考える …… 66

29 業界展望・業界動向のつかみ方
キーワードは海外進出・業界再編・新技術の3つ …… 68

30 『会社四季報』の読み方
過去の会社情報から将来を予測する …… 72

31 雑誌・インターネットから情報を得る
株式投資では「最新の情報」が成否を分ける …… 74

◎クイズで身につく株式投資力 ②
為替と株の関係 …… 76

Lesson 4
リアルに銘柄選択してみました

32 インバウンド需要で伸びる銘柄はどれか？
「爆買い」で儲かる会社の株に投資する …… 78

33 〈遊太〉急速な成長が見込める銘柄を選ぶ
観光客向けの免税店として復活をめざすラオックス …… 84

34 〈勤〉競争力のある製品をもっている銘柄を選ぶ
PERが過小評価されているセイコー …… 86

35 〈彩〉国内需要拡大の恩恵をダイレクトに受ける銘柄を選ぶ
需要をとらえた結果が利益に現れやすいコーセー …… 88

36 投資候補の銘柄3つを1つに絞り込む
業界成長を重視するか、企業独自の成長を期待するか …… 90

37 〈2015年3月の現実〉選んだ銘柄は1年後どうなったか？
基本はファンダメンタルに沿って株価が変動する …… 92

◎クイズで身につく株式投資力 ③
金利と株価の関係 …… 94

負けない投資法7原則 …… 95

Lesson 1

株ってどういうものですか？

★Class of
Kinshichi

株と聞いて、どんなイメージが浮かぶ？

やっぱ金儲けやね。

うーん、何か遠い存在。

博打《ばくち》的で危険なイメージです。

そうだね。なんでもそうだけど、物事には必ずいい面と悪い面がある。株も同じだ。うまく使えば資産運用のいいツールとなるが、下手な関わり方をすると、大金をつぎ込んだ挙句《あげく》、借金を背負うはめになり、奥さん子供に逃げられて、たくさんいた友だちが離れていって……孤独に……。

（随分リアリティのある話だなぁ……）

でも、ちゃんと勉強して自分なりのルールを確立すれば、株は必ず君たちの役に立つ。それを、これから具体的に話していこう。

01

そもそも株って何？

——会社に出資した人が金額に応じて譲り受ける権利の証明書

株はどこから発行されているか知ってる？　はい、遊太くん。

畑です。

一生耕してなさい。はい、勤くん。

株式会社です。

そうだね。じゃあ、なんで株を発行するかわかるかな？　はい、遊太くん。

ノリで。

窓から飛び降りてよし。次。

（なんで漫才してるのよ……）

ん？　誰もわからないか。

株は、「**株式会社における出資者の持分を明らかにする有価証券**」と定義できる。

意味不明なんですけど……。

◎会社は株で事業資金を集める

会社が新しい事業を開始するには、かなりの資金が必要になる。これを自社だけで用意するのは大変だよね。だから他人の手を借りるんだ。

銀行から借りるってことですよね。

そう。会社が事業資金を調達する1つの手段としては、銀行などから借りるというのがある。これを**借入**という。そして、もう1つが**出資**。この2つの違いはわかるかな？

出資には返済の必要がありません。

そう、返済の有無だ。借入は返済が前提だけど、出資には返済の義務はない。株の発行はこの出資を募《つの》るための手段なんだ。

まだよくわからないわ……。

出資とは、会社に資金を提供すること。出資者は金額に応じて会社の権利を譲り受ける。この権利の証明書を株というんだ。

えっ、つまり**株式会社は株主みんなのモノ**ということですか!?　会社は社長さんのものじゃないってことですか？

その通り。君が株を保有すれば、その会社の一部は君のものになる。株主は会社の保有者なんだ。

……あのとき、あの会社も俺の意見を参考にして、あんな事業に手を出さなければ俺もあんな目に遭わなかったのに……。

（この先生、まさか……）

おっと、ついぼやいてしまった。要するに会社が株を発行する。そして上場するのは、広く資金を集めることを目的としているんだ。

◎売買するのは上場企業の株

すみません。上場ってどういう意味ですか？

日本では、会社が資金を広く集めやすくするために証券取引所を設けているんだ。**上場とは、その証券取引所で株を売買できるようにする行為**をいうんだよ。

でも、どんな会社でも上場できるわけではなく、業績・時価総額・株主数などの面で審査を通った会社しか上場はできないんだよ。じゃあ、次は株を買う側のメリットを見ていこうか。

1 会社は株で事業資金を調達する

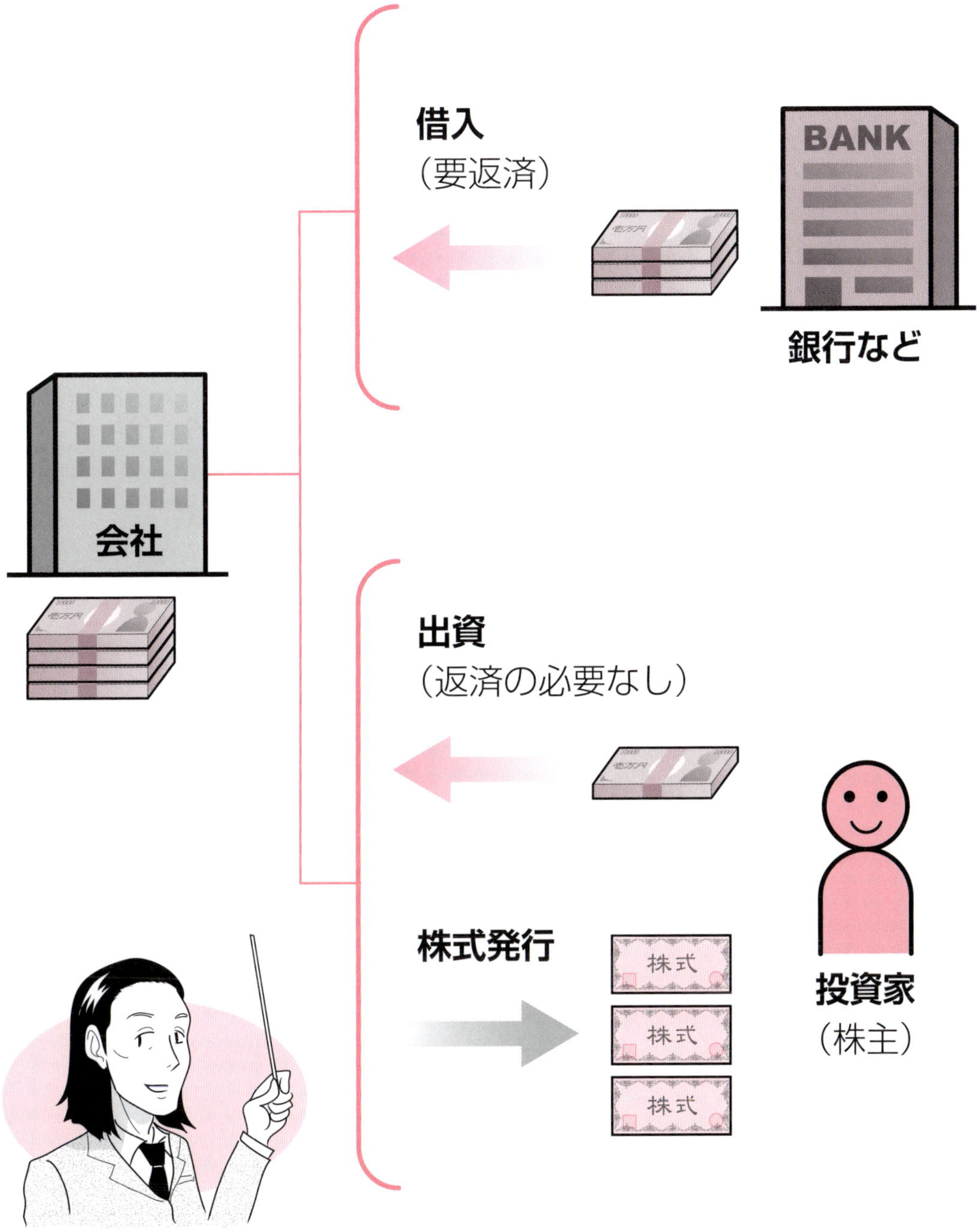

ポイント 証券取引所に上場した会社は、投資家に株式を発行して事業資金を広く調達することができる

02

株式投資のメリットとは？——配当・キャピタルゲイン

——株式に投資するメリットは大きく5つある

左のページを見てごらん。株式投資のメリットをまとめてみたよ。

ふーん、けっこうお得感満載やね。

売買による差益のほかに、配当や株主優待制度、経営参加、株式分割までメリットは大きく5つ。

◎配当——利益の還元

まずは**配当**。これは出資してくれた**株主に対して利益を還元すること**。配当利回り（40ページ参照）はそんなに高いわけじゃないけどね。大きな会社で1～2％台だ。

今の低金利の預金と比べればいいんじゃないですか？

おっ、君は前向きな人間だな。

◎キャピタルゲイン——株の醍醐味

次は**キャピタルゲイン**。

キャピキャピボイン？

お前は女のことしか考えとらんのか。

そんな冷たくつっこまんでも……（涙）。

キャピタルゲインとは、**株を買値《かいね》より高く売ったときに得られる利益**のこと。そもそもなんで株価が上下するかわかるかな？

物価の上下と同じじゃないんですか？

みんなが評価している会社の株は買われて値が上がって、みんなが評価しない会社の株は売られて値が下がるってことかしら？

うんうん、いいね。将来性のある、業績がいい会社は魅力的で、投資家の多くがその会社の株をほしいと思う。でも、発行済株式数には限りがあるから、株を保有してる人から優先的に譲ってもらうには、今の価格より高い値段をつけなければならない。こうして株価は上がっていく。

逆に、将来性に疑問を感じる会社の株は誰もほしがらんし、今その株を持っとる投資家は早く処分したいと思う。でも、今の値段じゃ買い手が見つからんから低い値段で売らざるをえない。こうして株価は下がっていくわけや。

わかってきたねぇ～。

会社がぐんぐん成長していくと、その会社の株価も上昇していく。ときには買値の数十倍、数百倍にもなる。こうなると、あっという間に億万長者だ。「何が野球選手だ、サッカー選手だ、一番すげーのは株の世界で勝ち抜いた俺だよ」って感じになれるわけ。……要するに、このキャピタルゲインが株式投資の最大の目的なんだ。

でも、怖いですよね。もしこれが逆だったら。自分の持っている株が10分の1とか紙クズになる恐れもあるんだもん。

リターンには必ずリスクがついて回る。ここを把握しないまま投資をすると、痛い目に遭う。株価が下がっても、またいずれ上がってくると思っているうちにどんどん損失は膨《ふく》らみ、売るに売れなくなる……。これが俗にいう塩漬《しおづ》け株ってやつだよ。

はぁ……。

2 株式投資のメリット①

◉株式投資の5つのメリット

Merit-1 配当

●株主への利益還元策の１つ。
●株を発行した会社は、利益を上げると株主にそれを分配する。すなわち、利益が増えると配当は増額され（増配）、利益が減ると配当は減額される（減配）。

Merit-2 キャピタルゲイン

●株の売買による差益のこと。
●投資家が株を購入するうえでもっとも期待するもの。

Merit-3 株主優待制度

●会社の利益還元策の１つとして、株主に対して配当の他に自社サービスや製品を提供する制度。会社への理解度向上や個人株主の安定化などがおもな目的。

Merit-4 経営参加

●株主総会で、会社の事業方針の決定の際に保有株数に応じて議決権を行使できる。

Merit-5 株式分割

●１株をいくつかに分割し、発行済株式数を増やすこと。株式分割によって株数が増えた結果、いったんは株価が安くなるが、投資家は買いやすくなるため売買が盛んになり、値上がりが期待できる。

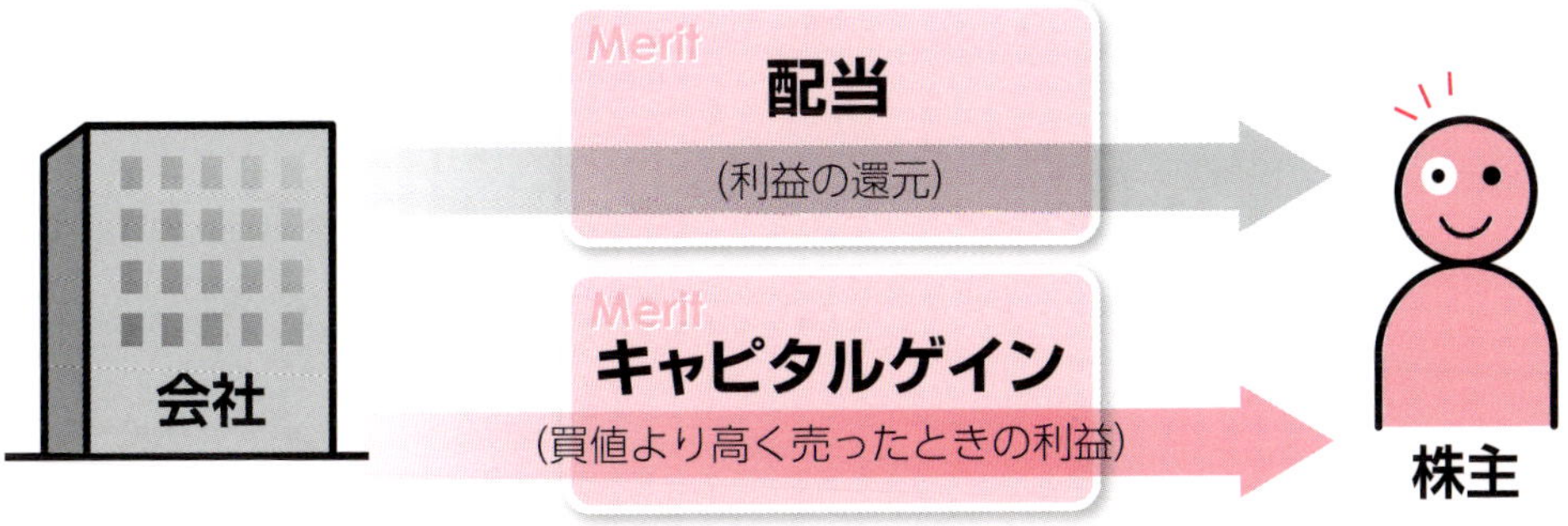

ポイント キャピタルゲインが株式投資の最大の目的

03 株式投資のメリットとは？――優待・経営参加・分割

「株主優待制度」を最重視する投資家もいる

気分を変えて、次の優待の話にいこう。

◎優待――会社からの自社アピール

優待（**株主優待制度**）とは、投資家に株を継続して保有してもらうために、「うちの株を買って保有してくれた人には○○つけちゃいます！」という**会社側のアピール**なんだ。じつはこれ、日本特有の制度というから驚き！

キャピタルゲインよりも重視している投資家もいるようですね。

どんなものが贈られてるんですか？

ワタミなら100株で6000円相当の優待券、ヤクルトなら野球の試合観戦券、エイベックスなら株主限定CDとかだね。

へぇ、種類が豊富でおもろいなぁ。

◎経営参加――株主の権利

次は**経営参加**の話。さっきから言ってるように、株を買うことはその会社の所有者の1人になることだから、当然経営に参加する権利を得ることになる。**株の保有者は、経営参加の権利の1つとして株主総会に参加できる。**

株主総会とは、会社側が株主を集めて、配当や事業計画、取締役・監査役の選任など、さまざまな議題について承認を得る場のこと。株主は、これらの議題に対して保有株数に応じた議決権を持っているんだ。

少数の株しか持たない一般の個人投資家にはあまり影響力はないから忘れられがちだけど、立派な利点の1つだよ。

◎株式分割――値上がりも期待できる

最後に**株式分割**の話をしよう。株式分割っていうのは、**株をいくつかに分割し、発行済株式数を増やすこと**。たとえば、1株を2株に分割すると、その株を保有していた人の持ち株数は自動的に2倍になる。1000株保有していれば2000株になるわけだ。

すごいわ！ 自分の持っている株がタダで増えるなんてお得ですよね。

よく考えてごらん。会社の資産価値は、分割の前後で変わらないから、株数は2倍になっても1株当たりの価値は半分になる。株主にとって保有株式の価値に変化はないんだ。

じゃあ分割してもしなくても、投資家には意味がないということですか？

いやいや。分割で株価が安くなった分、高くて買えなかった銘柄に手が届く投資家が増えるやろ。買いやすくなれば、人気が出てきて、株価が値上がりしやすい。結局お得やな。

さらに一歩踏み込むと、株価が値上がりすると、**時価総額**（株価×発行済株式数）が大きくなる。これが会社側の狙いだ。時価総額が大きくなれば、会社の信用度が上がって新たに株式や社債を発行しやすくなったり、銀行からの借入がスムーズにできたり、敵対的買収の対象にもなりにくくなるなど、いいことずくめだ。

3 株式投資のメリット②

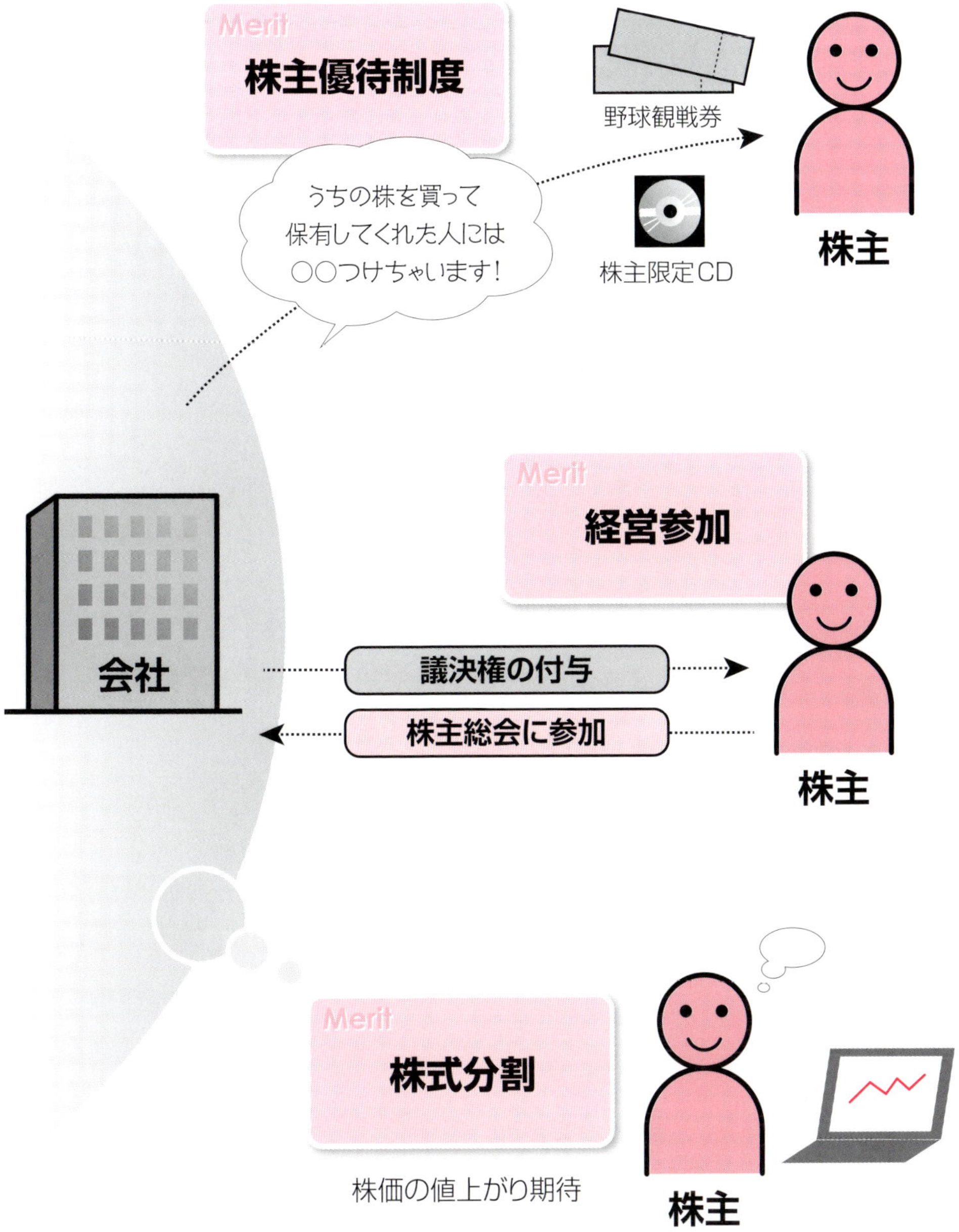

ポイント 「株主優待」は日本特有の制度。キャピタルゲイン以上に重視する投資家もいる

04

優待や配当のメリットを受けるには？

──「権利確定日」当日に株を持っていればいい

さて、これまで株のメリットを見て、どう感じた？　株って魅力的だと思わないか。配当にしても優待にしても、お得であることは間違いないし、売買の差益ならタイミングさえ間違わなければ相当な額のリターンを期待できるよね。

タイミングを間違えなければ……、タイミングさえ……。

◎優待・配当には権利確定日がある

では、これまでに紹介した、キャピタルゲインを除く株式投資のメリットを受けるための権利はどうやって決まっているか、わかるかな？

ある定められた日に株を保有しているかどうかでしたっけ？

そうだね。その権利が確定される日を**権利確定日**というんだ。

権利確定日とは、株主として株主名簿に名前が記載される日で、配当や優待を受け取ったり、株主総会に参加する権利を得られる日ということだね。権利確定日は、3月、9月の月末に集中している。

極端な話、この権利確定日の1日だけ株を持っていれば株主優待や配当を受ける権利が得られるんだ。

◎3営業日前っていつ？

ただし、権利確定日当日に株を買っても権利は得られないんだ。

えっ、そうなんか。

権利確定日の**3営業日前**に購入しておかなくては、株の所有者名義が変更されず、権利を得られないんだ。この日のことを**権利付き最終日**という。権利付き最終日の翌日を**権利落ち日**といって、仮にこの日に売却しても権利は確保できることから、この日は株価が下がる傾向にあるね。これも頭に入れておこう。

3営業日前というのは、3日前ということですか？

いや、営業日というのは、証券取引所が営業している日のみを計算するんだ。左ページの表を見てごらん。

なるほど！　金曜日が祝日の場合は、金・土・日の3日は営業日に含まれないのね。

その場合、水曜日が権利付き最終日だとすると、木曜日が権利落ち日。金・土・日は営業日じゃないので、月曜日が1営業日前になって、火曜日が権利確定日になるんですね。

証券取引所が営業してるのは基本的に平日のみやから、土・日・祝日には注意せなあかんということやね。

そういうこと。3営業日前と3日前の違い、わかったかな？

よくわかりました！

4 「3日前」と「3営業日前」の違い

日付	その日には一体何が?	日数	営業日数
25日（水曜日）	権利付き最終日。配当の権利を確定するためには、この日までに購入することが必要。	6日前	3営業日前
26日（木曜日）	権利落ち日。この日に購入しても月末の配当は受けられない。	5日前	2営業日前
27日（金曜日／祝日）	証券取引所は休み。	4日前	
28日（土曜日）	証券取引所は休み。	3日前	
29日（日曜日）	証券取引所は休み。	2日前	
30日（月曜日）		1日前	1営業日前
31日（火曜日）	権利確定日。この日に株主名簿に名前が記載される（配当がもらえる）。		
約3カ月後	配当が届く。		

31日・火曜日が権利確定日の場合、その3日前は28日・土曜日。しかし、3営業日前の場合は、証券取引所が営業している日のみを計算する。27日・金曜日は祝日のため証券取引所が休みであり、土・日も証券取引所が休みであることから、31日・火曜日を権利確定日とした場合、その3営業日前は、25日・水曜日となる。

なお、この場合、25日の取引終了時に株を持っていれば、26日の朝一番に株を売却しても、配当・優待はもらえる。

ポイント **配当・優待を受けるには、権利確定日の3営業日前までに株を購入しておかねばならない**

05

株式市場ってどんなところ？

――一流企業の市場とベンチャー企業の市場

ところで君たち、**株式市場**は日本にいくつあると思う？

えっ？　1つじゃないんですか？

日本には、札幌、東京、名古屋、福岡の4つの市場がある。主要なものは、**東京証券取引所（1部、2部、マザーズ、JASDAQ）**だな。

へぇ、株式市場って複数あるんですね。

◎1部と2部は1軍と2軍のようなもの

市場は4つあるけど、東京証券取引所（東証）が、上場会社数も売買高もほぼ100%を占めているんだ。君たちが知っている会社のほとんどは、東証1部に上場していると思うよ。

さっきから1部・2部って言っていますけど、どう違うんですか？

野球でいう1軍・2軍みたいなもんやで。1部のほうが上場の審査基準が厳しくてソニー、トヨタといった誰でも知っているような会社がどっさりある。2部には1部昇格を目指している会社が上場されてるんや。

そうそう。上場は投資家の信頼を裏切ることがないように、厳しい審査を突破した会社のみに許されるんだ。このような会社は全国に約3900社、率にして全株式会社の約0・4%にすぎないんだよ。

すごいなぁ。上場してからも投資家の要求に応え続けているのね。

ただし、全部の会社が順風満帆とはいかないよ。2014年こそ24年ぶりに上場会社の倒産はなかったものの、2013年には4社、2012年には6社が倒産しているんだ。そうなったらその会社の株は紙クズだよ。こういう会社には投資しないという目を養うのも大切だよね。貧乏くじを引いてからでは遅いから……。

（きっと、いろいろつらいことがあったんだわ……）

◎ベンチャー企業の市場

マザーズ、JASDAQっていうのはどういう市場なんですか？

いい質問だ。大まかにいうと、東証1部・2部には成熟した会社が多いのに対して、マザーズ、JASDAQにはこれから成長が期待されるベンチャー企業が多い。

ベンチャー企業のなかには、信用力が乏《とぼ》しいために、銀行からの資金調達に困り、発展途上でやむなく倒産する会社もある。しかし、マザーズ、JASDAQができたことで資金調達のチャンスが与えられるようになり、上場を機に大きく成長した会社も多いんだ。これまでに74社が、マザーズから東証1部への昇格を果たしているよ（2015年8月末現在）。

多様な市場が存在することで、産業の発展に貢献するという株式市場の役割がしっかりと果たせているんですね！

5 日本の株式市場の構成

日本の株式市場

- **東京証券取引所**（東証）
- **札幌証券取引所**（札証）
- **名古屋証券取引所**（名証）
- **福岡証券取引所**（福証）

上場会社数も売買高も
日本の株式市場のほぼ100%を占める

東証１部 ―― ソニーやトヨタなど、有名な大企業がどっさり

２部 ―― １部昇格をめざしている会社

マザーズ・**JASDAQ** ―― これから成長が期待されるベンチャー企業が上場

ポイント
１部のほうが２部よりも上場の審査基準が厳しい。
１部に大企業・有名企業が集まっている

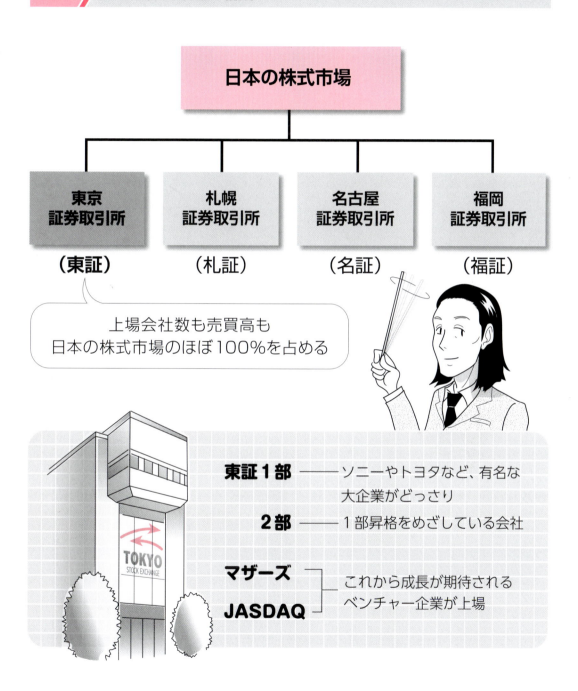

06

株はどんなふうに売買されるのか

――「価格を指定する注文」と「価格を指定しない注文」

ところで、証券取引所ではいつ株の取引が行われているんですか？

東証でいえば、年始（12月31日〜1月3日）、土曜日、日曜日、祝日を除いて毎日9時から15時まで行われているよ。途中11時半から12時半まで昼休みだけど。市場によって若干違うところもあるから注意しよう。

◎指値《さしね》注文と成行《なりゆき》注文がある

具体的に、株はどういうふうに売買されているんですか？

注文の仕方には**指値注文**と**成行注文**があるんだ。指値注文っていうのは、「A社の株を、100円で1000株買って（売って）ほしい」という、**売買の価格を指定する注文**だね。

一方、成行注文は、「A社の株を、とにかく1000株買って(売って)ほしい」という、価格は市場の成行にまかせるという注文方法。つまり、**売買価格を指定しない注文**ということだ。

指値注文だけでいい気がするけどなあ。成行注文やったら、望んでない金額で取引してしまうこともあり得るやんか。

でも、指値注文は希望した値段で売買できる反面、売り手と買い手のちょっとした値段の差で売買が成立しないこともあるんだ。

一方、成行注文は、遊太くんが言ったように自分が期待していた値段とはかけ離れた値段で売買されてしまうことがあるけど、その分、早く確実に売買が成立する。

成行注文なら、700円あたりで成立すると思っていたものが、5000円で成立することもあるのかしら？

いや、それはないんだ。証券取引所では急激な価格変動による市場の混乱や、投資家への大きな損失を防ぐために、**1日に動く株価の大きさの限度**を定めているんだ。

たとえば、株価が500円以上700円未満の場合は、前日の終値《おわりね》から上下100円までしか変動しないというようにね。この上下の限度まで株価が動くことを、それぞれ**ストップ高・ストップ安**と言うんだよ。

◎会社も株を売買している

ところで、君たちもニュースでA社がB社を買収するとか、聞いたことがあるだろう。これは、A社がB社の株を半分以上購入・保有することで、**経営権**を取得することを意味しているんだ。

株を持つということは、その会社に株主として経営参加するということやもんな。

そう、遊太くんの言う通り。個人投資家だけでなく、豊富な資金を持っている会社も株を売買しているんだ。

そのなかでも、信託銀行・生保・損保など大量の資金を運用している会社を**機関投資家**といい、市場に大きな影響を与えているんだ。特に最近では**外国人投資家**の存在感が際立っているよ。

6 株の売買の仕方

◉指値注文と成行注文

■指値注文……売買価格を指定する注文方法

○ 希望した金額で売買できる

× ちょっとした値段の差で
売買が成立しないことも

■成行注文……売買価格を指定しない注文方法

○ 早く確実に売買が成立する

× 望んでいない値段*で
取引されることもある

*ただし、証券取引所では1日に動く株価の限度を定めている（ストップ高・ストップ安）

◉株式の保有状況と保有金額

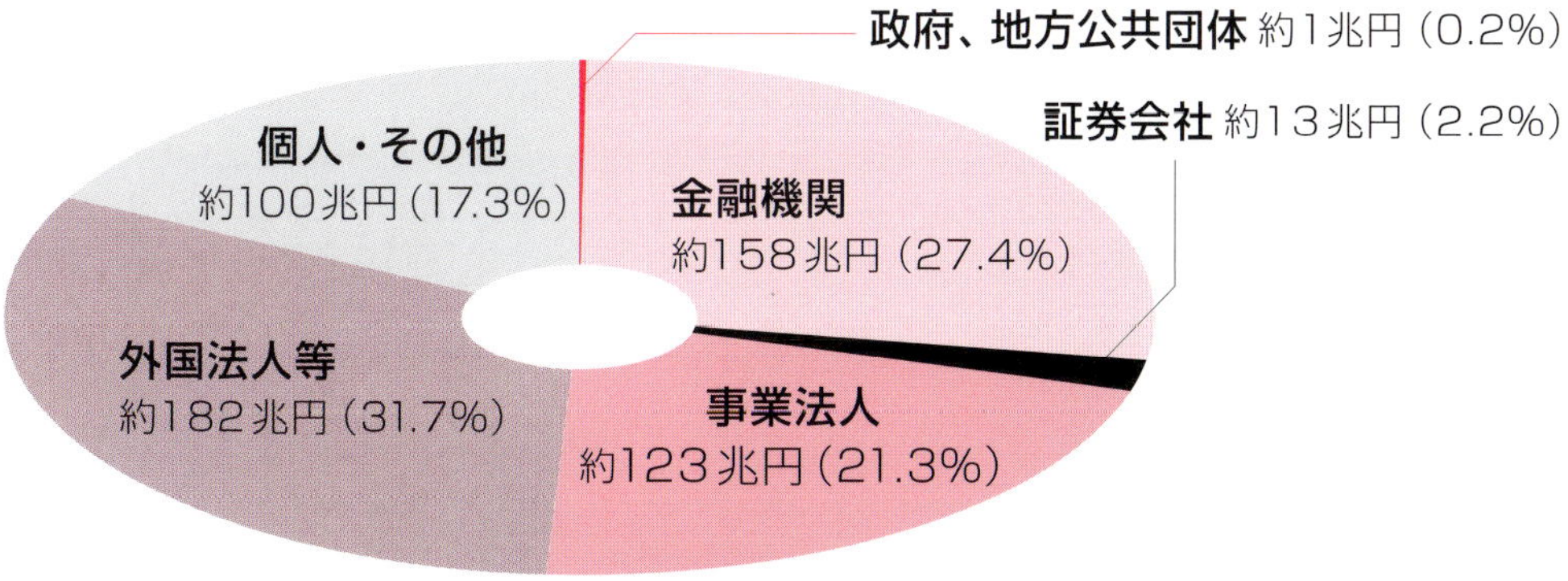

全国4証券取引所の統計資料（2014年度株式分布状況調査）より

ポイント **機関投資家（金融機関など）や外国人投資家などが大量の資金を投資している**

07

現物取引と信用取引の違い

――現物取引しかしない人も信用取引を無視できない

信用取引の話をしておこうか。

株式取引には大きく分けて2つのやり方がある。1つは**現物取引**といって、手持ちのお金で株を売買する方法。もう1つが、証券会社から一定期間のうちに返すことを前提にお金などを借りて行う**信用取引**だ。

◎証券会社からお金や株を借りる

信用取引は、**証券会社から借りたお金で株を買う**ってことね。

自分の持ってるお金以上の取引ができるってことやな。株価が同じ10%上がっても1万円分買っとるのと100万円分買っとるのとじゃあ、えらい違いやからな。

少ないお金で大きな額を動かせるわけで、これは**レバレッジ効果**と呼ばれる。実際にお金を借りるには、元手となる委託担保金を口座に預けたり、借りたお金にも日歩と呼ばれる金利が毎日発生したりするんだけどね。

証券会社からは**株も借りられる**んだ。

株を借りるってどういうこと？

借りた株を売って、株価が下がったところで買い戻して証券会社に返すんや。株を売ったときに手に入る金額と、買い戻すために支払った金額の差が投資家の利益になるんやで。

なるほどね。株って安く買って高く売るものだと思っていたけど、下落していく銘柄でも利益を出せる可能性があるってことね。

その通り。株を借りて売ることを**空**《から》**売り**や**信用売り**といい、お金を借りて株を買うことを**信用買い**というんだ。

◎信用取引の動きも無視できない

信用取引は危ないから手を出さないという人は多いけど、現物取引しかしない人も信用取引は無視できないよ。

信用取引で買い、もしくは売りがどれだけ行われているかを、それぞれ**信用買い残**、**信用売り残**といって、各証券会社や取引所のホームページで各銘柄の集計を見ることができるんだ。これを使えば、将来的に株価がどう動きそうかを考えるのに役に立つ。

信用買い残が売り残に比べて多かったとすると、これはどういうことかな？

信用買いのために借りたお金は、一定期間のうちに証券会社へ返さなくてはいけませんから、その株は売られることが予想されます。

逆に、売り残が多ければ最終的に株を返すために買い戻さなくちゃいけないから、潜在的に買い圧力があるってことでいいのかしら。

そうなるね。この信用買い残と売り残を使った「**信用倍率**」っていう指標があるんだ。

〈信用倍率＝（信用）買い残÷（信用）売り残〉

1倍を上回れば売り圧力、下回れば買い圧力があるということだね。

7 現物取引と信用取引

収益率の比較

a. 現物取引で10%上昇 手持ち資金100万円

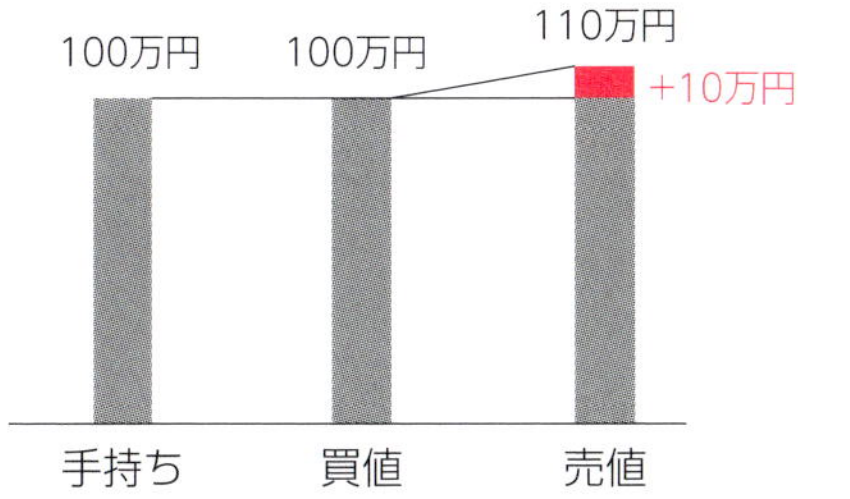

b. 現物取引で10%下落 手持ち資金100万円

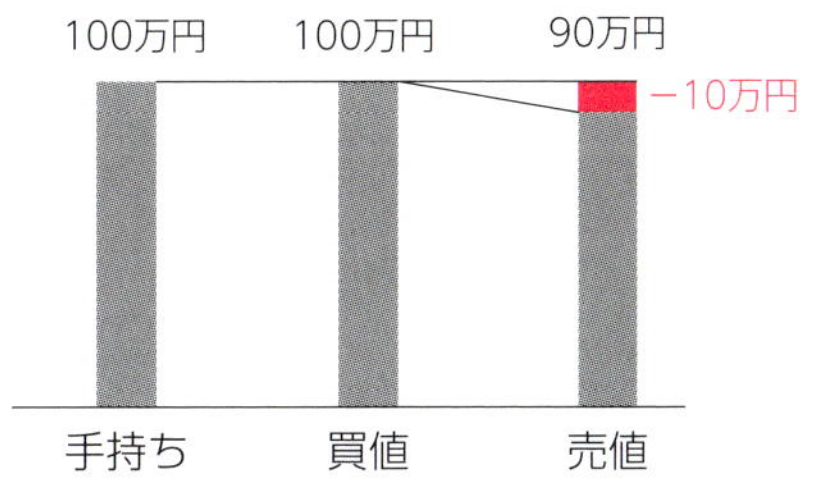

c. 信用取引で10%上昇 手持ち資金30万円、借入金70万円

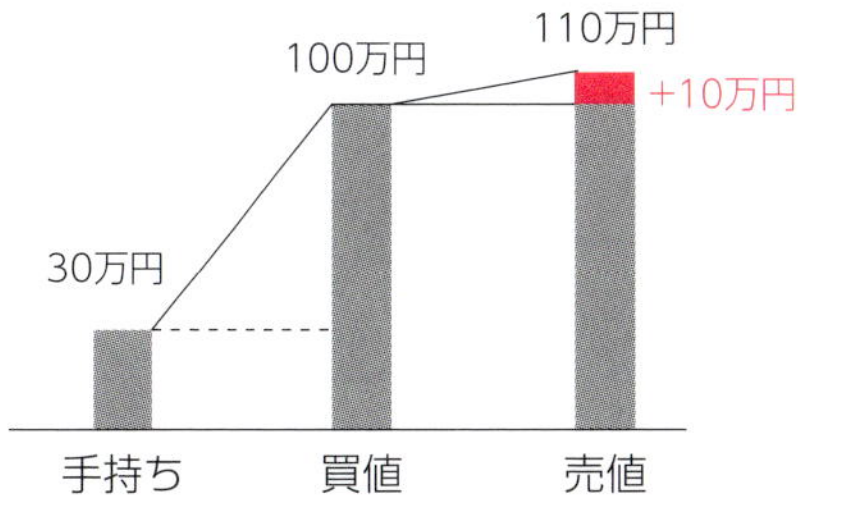

d. 信用取引で10%下落 手持ち資金30万円、借入金70万円

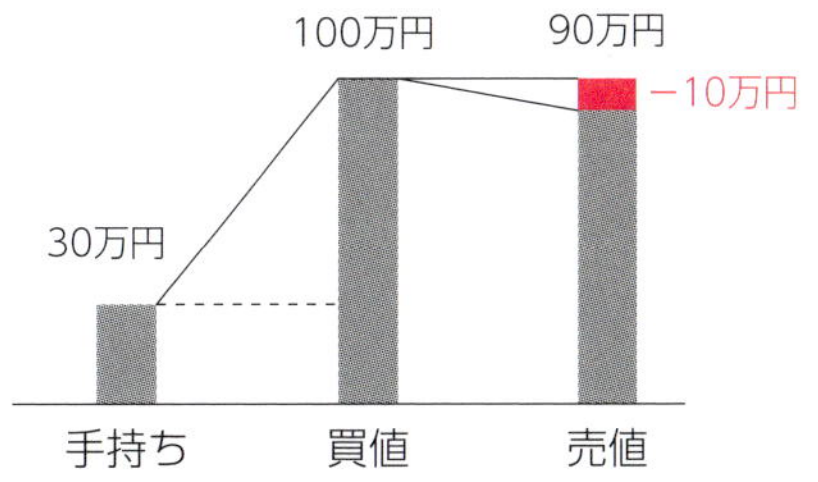

$$収益率 = \frac{利益(または損失)}{手持ち資金} \times 100(\%)$$

	上昇	下落
現取物引	a. 10%	b. -10%
信用取引	c. 33%	d. -33%

80万円の株を「信用売り」した場合

●値上がりしたら……

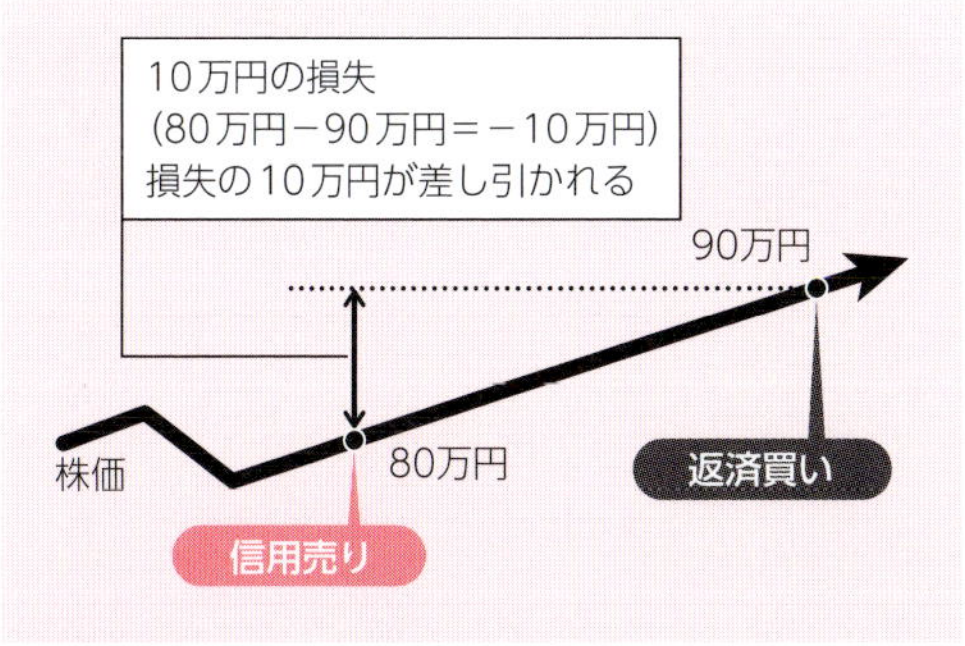

●値下がりしたら……

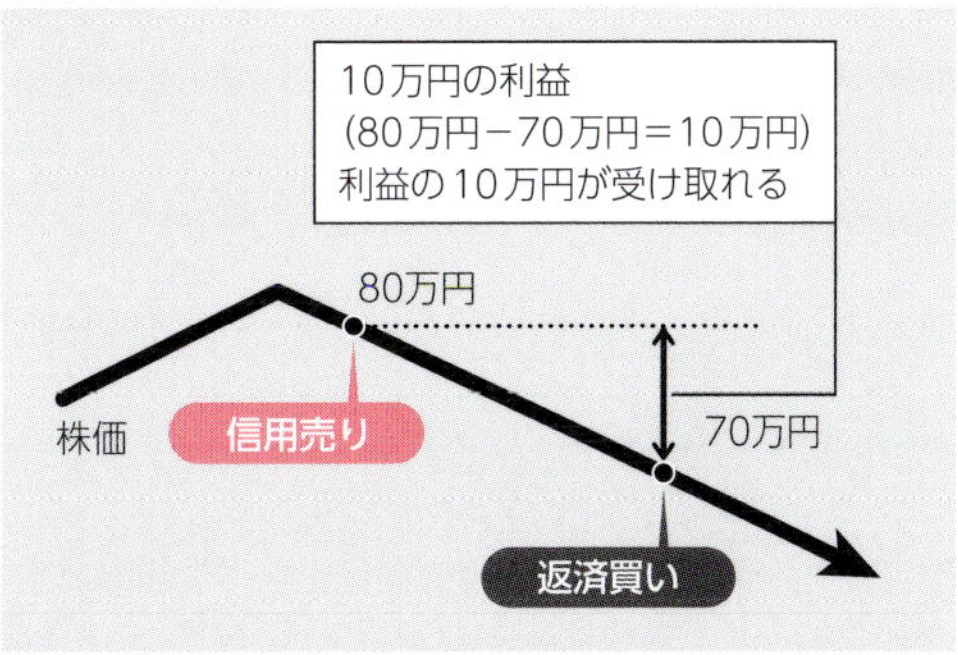

ポイント **証券会社からお金や株を借りて取引を行うこともできる**

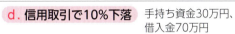

08

株を買う準備をしよう
――どの証券会社を選べばいいか

次は実際に株を買う話にいくとしようか。理屈がわかっても実際にどうするかわからなければ、何も始まらないからね。

いよいよ自分で買えると思うと、ワクワクしてきますね。

◎ミニ株なら少額で買える

たとえば1株1000円の株があるとする。これを買いたいと思っても、通常1株単位では売買できない。
100株1セットとか、1000株1セットとかでまとめ売りしているんだ。
この基本売買単位のことを**単元株**といって、**単元ごとでないと株は買えない**んだ。

え、じゃあ、トヨタ1株買いなんてのは無理ってことですか？

うん。トヨタは100株からしか買えない。約34億株発行しているから、誰かが3株、誰かが56株、誰かが128株なんてことをされると会社としても管理が大変だからね。

トヨタは今1株約7200円（2015年8月末現在）くらいだから、トヨタに投資するには最低でも約72万円いるってことか……。

君たちみたいな個人投資家には手が出ないよね。そこで、**ミニ株**って制度ができたんだ。**単元株の10分の1の株数から買える制度**で、トヨタの例なら約7万円から買える。これなら君たちでもいけるだろう？

貯金していたお年玉で買えそうですね。さっそく買ってみようかな。

ちょっと待った。まず、証券会社に**口座**を開かなきゃ。まぁ、これは簡単で、証券会社に行って、窓口で「口座をつくりたいんです！」って言えば、つくってくれる。
もしくは窓口に行かなくても、ネット証券と呼ばれる、口座開設から売買取引まですべてインターネットを通じてサービスを提供している会社もあるよ。

◎手数料は証券会社で異なる

口座をつくったらいよいよ取引ができるんだけど、その前に注意したいのは、取引には**手数料**がかかるということ。それから売却した利益に対しては**税金**がかかる。手数料は各証券会社で異なるから、証券会社を選ぶ際によく調べたほうがいいね。

手数料が2000円の証券会社なら、1回の売買で4000円。それに**消費税**が加わる。さらに売買で得た利益にも**税金**がかかる……。余計なお金がかからないように、手数料が安い証券会社にしなくちゃいけないわ。

たしかにそうだけど、手数料が高い証券会社では、その分投資に役立つ情報を提供してくれたり、多くのミニ株を扱っていたりするんだよ。だから、手数料は証券会社を決める1つの基準だけど、単純に安いところに決めてしまうのはよくないよ。

8 ミニ株なら少ない投資額で買える

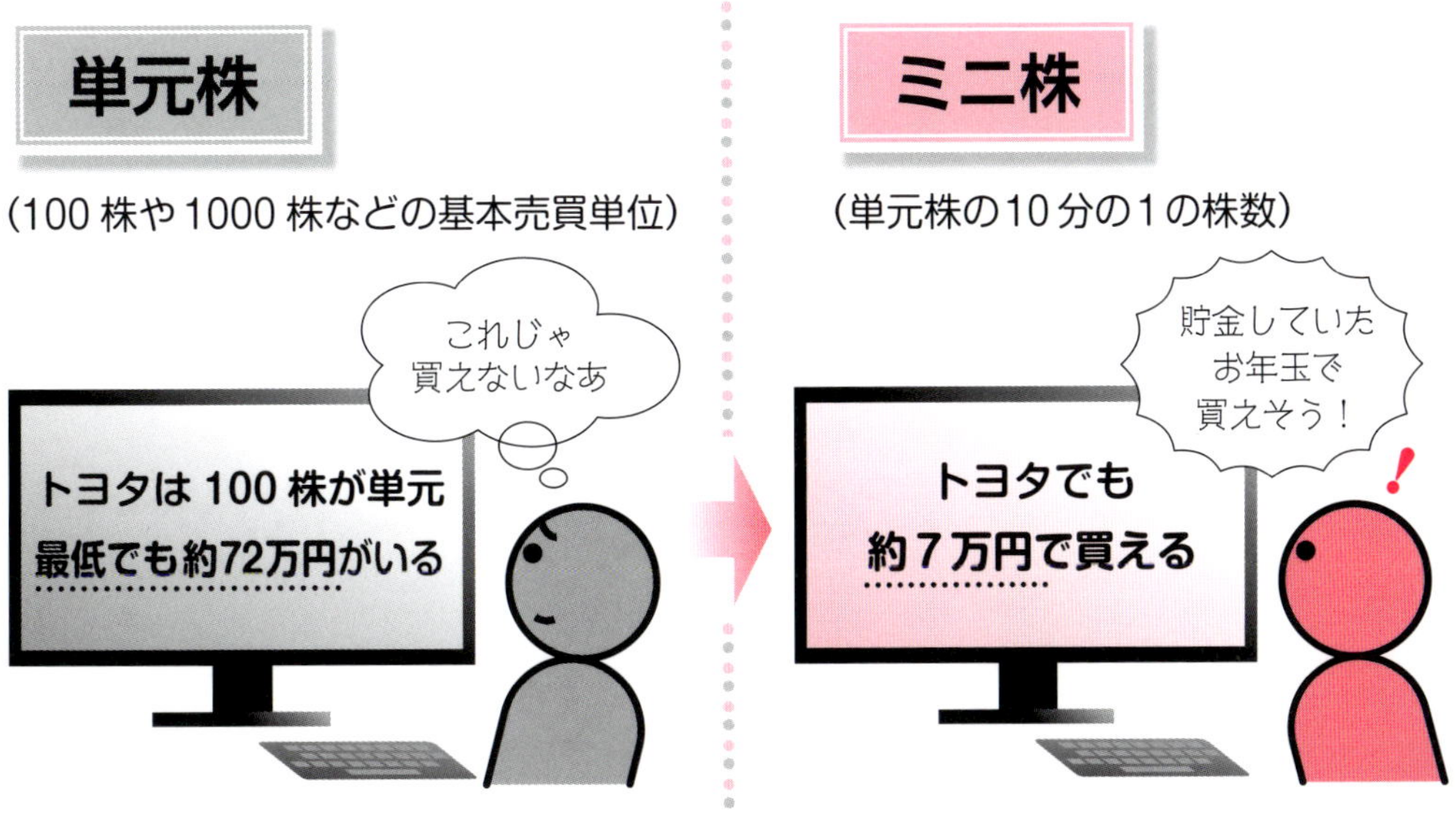

◉証券会社の選び方

	総合証券	ネット証券
代表的な会社	野村、大和、SMBC日興、みずほ、三菱UFJモルガン・スタンレーなど (野村がシェア1位)	SBI、楽天、MONEX、GMOクリック、カブドットコム、松井など (SBIがシェア1位)
口座開設方法	本支店窓口、電話、ネットでの申込	電話、ネットでの申込 ※一部では店舗での申込にも対応
メリット	・長年の実績を持つ大企業で安心 ・営業担当者による手厚いサポートや証券アナリストによるアナリストレポートなどの投資情報が充実	・手数料が割安 ・高い利率のネットバンキングとの連携やグループ内のポイントによる手数料の還元など、総合証券にはない新サービスが充実

ポイント 株式投資には、手数料、消費税、売却利益に対する税などもかかる

09

いつ買うか、いつ売るか

——株の取引で一番難しいのは「売るとき」

先生！　銘柄（投資できる会社）が多すぎて、どれに投資すればいいのかわかりません。

やっぱり、誰もが知っている有名な銘柄から始めるのが無難じゃないですか？

◎大型株、中型株、小型株

勤くんは、東証1部に上場している銘柄のことを思い浮かべているのかな？　東証1部上場銘柄とひとくちに言っても、約1900もある。東証は、これらを**時価総額**と**流動性**を基準に、大きく3つに分類しているんだ。

時価総額はすでに習ったけど（12ページ参照）、流動性ってなんですか？

株を希望通りの価格、数量、タイミングで売買できるかということだ。市場に十分な数の株が出回っていれば、希望通り売買される可能性が高い。これを「**流動性が高い**」状態という。

で、具体的に分けるとどないなるん？

時価総額が大きくて流動性が高い上位100銘柄を**大型株**、それに次いで時価総額が大きく流動性が高い400銘柄を**中型株**、それ以外を**小型株**と呼ぶんだ。

それでも、時価総額と流動性を基準に考えるだけでは絞りきれません。

まずは、自分がよく知っている分野の身近な会社へ投資するべきだね。身近な会社だと、実際その会社の商品やサービスがどういうものかイメージはつかめているし、今後どういう業績になるか、発表されたニュースがどういう影響を与えるか予想しやすいからね。

◎自分なりのルールを決めておく

根拠のない投資は絶対にやめておこう。世間が「ハイテク、ハイテク」って言ってるからハイテク銘柄に投資してみようとか、この株最近上がっているから買ってみようとか、周囲の情報に惑わされないこと。まずは自分にとって身近な分野。これが大事だ。あのときの俺にもこの言葉を言ってやりたい……。

（それができずに失敗したんやな……）

あとは、「**株で絶対勝つ方法はない**」ということを常に意識しておくこと。株の取引で一番難しいのは、「売るとき」なんだ。買値より上がっていると「まだまだ上がる」と思えて、そうするうちに下がっていく。すると今度は「もう少しすればまた上がるだろう」という気持ちになって、気づいたときには損失が拡大していて大痛手を負うこともある。だから、買値より20％上がったら売る、10％下がったら売るといった**自分なりの機械的なルールを決める**こと。そして、それを絶対に守る強い自制心をもつことが必要だね。負ける確率が高いという意識をもって、負ける金額を抑えて勝つときにはドカンと勝つ。これが株式投資で成功する戦略だと思うよ。俺ももう少し前に気づいていれば……。

（気づかんかったんか！）

9 株式投資で一番難しいのは「売るとき」

ポイント

買値より20％上がったら利益確定で売る、10％下がったら損切りするなど売るルールをもつ

10

株式投資の自分ルールをつくろう

——「大失敗しないための5つの基本」を守る

株式投資でもう1ついえることは、業績のいい会社の株価が必ず上がるという単純なものではないということ。株式市場は**投資家心理**に大きく影響される場なんだ。

◎「美人投票」で選ぶのはダメ

先に株主優待のことを話したけど、権利付き最終日に株を保有していれば優待はもらえる。つまり、その企業の業績が悪くても、権利付き最終日の直前に株価が上がることもある。それを予想した投資家は、株価の動きだけを追って投機的に売買することもあるんだよ。投資家の心理で株価が変動する典型的な事例だね。

経済学者のケインズが「**株式投資は美人投票**」といっていましたけど、本当にそうなんですね。

美人投票って何？

要は、一番人気の高そうな子を探せってことや。

でも、君たちは「美人投票」なんかで選んじゃダメだ。「美人」に注目したとしても、理由をしっかり見極めてから投票すべきだよ。

まあ、いろいろといったけど、次の基本さえ守れば大失敗することはないから大丈夫。

①株式投資には、元本割れのリスクがあることを頭に入れておく。
②自分の取引ルールをつくり、それを守る。
③人の話を鵜呑《うの》みにせず、自分で考えて投資する。
④これから成長しそうな銘柄を選ぶ。
⑤不慣れな分野に手を出さない。

こんなところかな。まっ、口でいうのは簡単なんだけどね。

◎インサイダー取引は禁じられている

で、遊太くんはどんな銘柄を買おうと思っているんだい？

うーん、親父が社長をしている会社にしようかと思ってるんや。いろいろ正しい情報が聞けそうやし。

それはいかん！　**インサイダー取引**のことを言い忘れるところだった。

たとえば、A社の株を持っているA社の社長が自分の会社の不祥事を知って、公になる前に全部売ったとする。そして、その情報を知らない投資家がその株を買った後に、不祥事がニュースで流れてA社の株価が暴落したとする。これは不公正だと思わないか？

もしくは、画期的な商品を開発した企業の社員が、そのニュースが発表される前に自社の株を大量購入して、発表後高騰した株をすぐに売って差益を出したとする。これも不公正だ。

こういうことはインサイダー取引といって金融商品取引法で禁じられている。もしやったら捕まるよ。俺にもそれを教えてくれる人がいたら……。

インサイダー取引やってたの!?

冗談、冗談……。

10 大失敗しないための5つの基本

基本・1

◉株式投資には、元本割れのリスクがあることを頭に入れておく

基本・2

◉自分の取引ルールをつくり、それを守る

基本・3

◉人の話を鵜呑みにせず、自分で考えて投資する

基本・4

◉これから成長しそうな銘柄を選ぶ

基本・5

◉不慣れな分野に手を出さない

ポイント 「美人」に注目しても、理由をしっかり見極めてから投資すること！

【インタビュー】

株式投資とは「自立する個人の育成」

◉**津田 栄氏** Sakae Tsuda

東京大学株式投資クラブAgents顧問。大和証券に入社後、経済研究所でアナリスト、エコノミストを経験。債券トレーダーののち、日本団体生命保険（現アクサ生命保険）、大和投資顧問（現大和住銀投信投資顧問）、ドイチェ・モルガン・グレンフェル投信投資顧問（現ドイチェ・アセットマネジメント）などで運用マネージャーを経て、現在は、皇學館大学特別招聘教授、資産運用アドバイザーのほかアナリスト、エコノミストとして活躍。2013年まで村上龍編集長主宰のJMMに金融経済分野で寄稿、日本経済の本質をヒューマニズムの視点からとらえ直す。

interview

―いきなりですが、株式投資の重要性についてズバッとお願いします！

株式投資っていうのは、今までの銀行中心の貯蓄による他人任せの資産形成と異なり、リスクとリターンを考えながら企業選択を行う「自己責任による資産形成」のツールです。

―なるほど。たしかに個人の資産運用でリスクをとってリターンを得ようとするものは、これまで日本にあまり浸透してなかったですよね。

そうですね。さらに株式投資は会社の効率的な経営を促し、ひいては資産の最適な配分による経済社会の確立につながると同時に、ペイオフ適用を考えると、自己責任による長期的な資産形成を通じて「自立する個人」を育成する重要な経済行為といえますね。

―「自立する個人の育成」ですか。かっこいい言葉ですね。次の質問ですが、津田さんは長年株式投資をやってこられましたが、資産形成以外の株のメリットとして、どのようなものをお考えですか？

株は、市場に関わるマクロ要因と、個別企業に関わるミクロ要因の影響を受けながら動きます。

つまり、株式投資を通じて、市場参加者の投資心理、動向、資金需給の他、内外の政治・経済の動向や社会情勢、為替・金利・商品市場の動向などのマクロ要因や、業界の動向と企業の事業方針、企業業績の現状と今後の見通し、企業の持つ技術・経営陣などのミクロ要因を自ずと勉強することになります。

―僕たちも株をやって実感したことですが、株って考慮すべき要因が本当にたくさんありますよねぇ。でも、やりだすとこれが楽しい（笑）。

そうですね。こうした変動要因を理解することで、今まで遠い存在であった内外の政治・経済・社会だけでなく、企業動向・技術などを身近に感じ、自分の仕事や生活との関連に気づくことになるんですよね。

さらには、市場を最終的に形成する人間心理と行動、企業・個人の飽くなき利益追求による経済のダイナミズムを見ることができます。

同時に、経済のグローバル化から世界の市場が1つであることを、株式投資から実感することになりますよ。

―うーん、津田さんの話を聞くと、株式投資の重要性を再認識しますねぇ。今日は本当にありがとうございました。

Lesson 2

銘柄を選ぶ決め手はなんですか？

★Class of

Norika

私の授業では、実際にどの銘柄を選べばいいのかを考えていくわよ。

お〜、やっと具体的な話になってきたなぁ。

そうね。やっぱり具体的な数字や図表を見るほうが、より生きた経済と接することにつながって、楽しそうね。

あんまり堅く考えないでね。まあ、男を選ぶのと同じようなものよ。

（またおもろい先生がきたなぁ……）

（な、なんだろう、この胸のときめきは……）

ところで、銘柄の分析方法としては、ファンダメンタル分析とテクニカル分析があるけど、勤くん、この違いはわかるかしら？

は、はい、もう予習済みです！ ファンダメンタル分析とは会社の業績や成長率、そして景気全体の流れをもとにして株価を分析する方法で、テクニカル分析とは株価の動きそのものを分析していく方法ですよね。

さすが勤くん♪ じゃあ、さっそくファンダメンタル分析にいくわよ。

11 会社の体力をチェックしよう〈損益計算書（P／L）編〉

——その会社がどうやって利益をあげているのかを知る

まずは会社の収益構造。つまり、どうやってその会社が利益をあげているのかを見ましょう。男選びでいえば、どれだけ稼ぎがあるかってことね。やっぱ、なんだかんだいっても稼げる男が魅力的よね。

俺は将来バンバン稼いで、ええ嫁はんもらうで～。

はいはい。

その調子よ、遊太くん！

◎損益計算書の「利益」を見る

会社がどれだけ稼いでいるかは、**損益計算書（P／L［Profit and Loss Statement］）**を見ればわかるのよ。左ページを見てちょうだい。

うおっ！　なんか難しい単語と数字ばっかやぞ……。

そうね。でも、身構えなくても大丈夫。とりあえず、損益計算書の①～⑥の項目の説明をするわね。

「○○利益」ばっかりでよくわからなくなってしまうんですが、どこを重点的に見ればいいんですか？

とくに見るべきなのは、①**売上高**、③**営業利益**、⑥**当期純利益**の3つね。

①の売上高で、その会社の事業規模がわかり、③の営業利益で、その会社が本業でどれほど利益を出しているかがわかるわ。

⑥の当期純利益は、最終的にいくら儲かったかってことを示しているの。配当の元手にもなるから、株主にとっては見逃せないわ。

さらに、④の**経常利益**に関しては、⑤の**税引前当期純利益**との差に注目すること。

経常利益と税引前当期純利益の差額が大きい場合は、プラスにせよマイナスにせよ、その会社に特別な事態が起こっているということだから、来年以降はどうなるのか、詳細な分析が必要ね。

◎過去の損益計算書と比べる

そのほかに注意すべきところはありますか？

たんにその年の損益計算書だけを見るんじゃなくて、過去の損益計算書と対比することで、**数値の変化を見る**ことも重要よ。各数値が年々大きくなっていれば、それだけ会社が成長している証《あかし》といえるわね。

は、はいっ!!

（勘がいつもと違う……）

損益計算書で収益構造を把握したあとは、財務状態を見る。男選びでいえば、どれだけ土地、家、クルマといった資産を持っていて、いくら借金があるのかを見ていくのよ。

初対面の男の場合は身につけている腕時計や靴などから推測するしかないけど、会社は貸借対照表を発表してくれているから、すぐにわかるわよ。次項で説明するわね。

11 損益計算書で「どれだけ稼いでいるか」を知る

損益計算書

（単位：百万円）

科　目	金　額
①売上高	750,000
売上原価	500,000
②売上総利益	250,000
販売費及び一般管理費	200,000
③営業利益	50,000
営業外収益	4,000
営業外費用	6,000
④経常利益	48,000
特別利益	7,000
特別損失	5,000
⑤税引前当期純利益	50,000
法人税等合計	20,000
⑥当期純利益	30,000

①売上高	会社に入ってきたお金。会社の事業規模を測るもの。
②売上総利益	①から売上原価（原材料費など）を引いたもの。
③営業利益	②から販売費及び一般管理費（販管費）といった営業費用を引いたもの。
④経常利益	③に営業外収益と営業外費用を加算・減算したもの。配当金・利息の受け取りと支払い（会社が他の会社の株を持っていることもある）といったお金のやりくりという要素が加わっている。
⑤税引前当期純利益	④に特別利益（たとえば不動産の売却）と特別損失（たとえば地震などの災害による損失）を加算・減算したもの。
⑥当期純利益	⑤から法人税など、会社にかかる税金を引いたもの。

ポイント

損益計算書は「売上高」「営業利益」「当期純利益」に注目する

12 会社の体力をチェックしよう〈貸借対照表（B／S）編①〉

——流動負債はどうか、株主資本はどうか

貸借対照表は**バランスシート（B／S [Balance Sheet]）**とも呼ばれるもので、大きく左右2つに分かれているわ。簡単にいうと、**右側がお金の集め方を、左側がお金の使い道を示しているの**。

◎どんな負債があるか

さて、左ページの表を見て気づくことはないかしら？

一番下の合計額が左右一緒だわ。

そう、集めたお金と使ったお金の内訳の表だから、左右の金額の合計は必ず一致するはずよ。つまり、**資産＝負債＋純資産**ね。

まず右側から説明するわね。右側は大きく**負債**と**純資産**に分かれているわ。

負債とは借金のこと、純資産とは自分のお金のことですよね。

その通り。負債には**流動負債**と**固定負債**の2種類があるの。ざっくりいえば、流動負債とは1年以内に返さなければならない借金、固定負債とは返済期限が1年以上先の借金のことよ。

なんでそんな区別するんですか？

返済期限の近いお金が多いということは、近い将来に多くのお金が出ていくということ。それは、会社の財務を圧迫しかねないということよ。

そっかぁ〜。

◎株主資本を確認する

じゃあ、次は純資産を見ていくわよ。このなかで確認すべきなのは**株主資本**ね。

純資産のなかでも株主資本に注目するのは、株式会社が株主からの出資で成り立っているからですか？

その通り。その株主資本のなかでも、資本金、資本剰余金、利益剰余金とあるけど、この違いがわかるかしら。

は、はい！　資本金と資本剰余金は株主からの出資金、利益剰余金は会社が過去に生み出した利益のうち手元に残っているものです。

よくわかってるじゃない！　勤くんの言ってくれた通りよ。これらのうち剰余金が配当の元手になり得るんだけれど、実際に配当を出すときは取り崩す順序があるの。一般的には利益剰余金の一部からなんだけど、赤字続きで底をついた会社は、配当をなくすか、資本剰余金の一部から出すわ。崖っぷちとは、まさにこのことね。

そんな状態でも配当を出すのは、どうしてかしら？

配当を維持するのは、株主に見放されて株価が落ちることを避けたいからなの。時価総額が下がると、会社の信用力が落ちて、銀行借入もままならない。敵対的買収の標的にされて、安く買いたたかれることもあり得るわ。

まさに負のスパイラルですね……。

12 貸借対照表の右側で「お金の集め方」を知る

貸借対照表

（単位：百万円）

科目	金額	科目	金額
（資産の部）		（負債の部）	
流動資産		流動負債	
現金及び預金	150,000	支払手形及び買掛金	120,000
受取手形及び売掛金	100,000	短期借入金	50,000
棚卸資産	50,000	未払法人税等	10,000
その他	100,000	その他	120,000
流動資産合計	400,000	流動負債合計	300,000
固定資産		固定負債	
有形固定資産		社債	30,000
建物	200,000	退職給付引当金	10,000
土地	80,000	その他	10,000
その他	20,000	固定負債合計	50,000
有形固定資産合計	300,000	**負債合計**	**350,000**
無形固定資産		（純資産の部）	
のれん	50,000	株主資本	
その他	50,000	資本金	100,000
無形固定資産合計	100,000	資本剰余金	100,000
投資その他の資産		利益剰余金	400,000
投資有価証券	25,000	株主資本合計	600,000
その他	180,000	評価・換算差額等	30,000
貸倒引当金	△5,000	新株予約権	10,000
投資その他の資産合計	200,000	少数株主持分	10,000
固定資産合計	600,000	**純資産合計**	**650,000**
資産合計	**1,000,000**	**負債純資産合計**	**1,000,000**

●流動負債が大きいときは、
会社の財務を圧迫しかねない
●剰余金が配当の元手になる

ポイント **貸借対照表の右側で重要なのは、流動負債と株主資本**

13

会社の体力をチェックしよう〈貸借対照表（B／S）編②〉

――会社の安定性を知るための重要な指標

さて、貸借対照表の右側の総まとめとして、会社の安定性をみる重要な指標を教えておこうかしら。

◎自己資本比率に注目する

会社が安定しているかどうかをみるときには、**自己資本比率**に注目します。

自己資本比率は、

〈**自己資本（純資産－新株予約権－少数株主持分）÷（負債＋純資産）×１００（％）**〉

で求められるのよ。

借金が少なくて、しっかり貯金がある人じゃないと結婚生活が行き詰まるのと同じで、自己資本比率は会社の存続のために、ある程度必要なの。

一体どれくらい必要なんやろ……。

やはり50％くらいはほしいところじゃないでしょうか。半分以上が借金っていうのは、どこかあぶなっかしい印象を受けます。

そうね、一般的にはそういえるわ。でも、製造業などは30％前後が平均だし、業種ごとにやや基準は異なるから注意が必要よ。

（またまた1ポイント・ゲット！）

（勤くんずっとニヤついてる……）

◎左側で資産の内訳を見る

次に、左側にいきましょう。こっちは会社の資産の内訳を示しているの。

流動資産、**固定資産**やて。さっき教わった負債のことを踏まえると、基本的に流動資産は1年以内に現金化できるもの、固定資産は1年以上にわたって利用されるものってことですか？

…………………正解!!

よっしゃあ～!!

（ちっ！）

ちなみに、流動資産には現金や売掛金、固定資産には建物や土地などがあるわ。

資産もその性質に応じて、検討しなくてはならないんですね。

左側だけを見るんじゃなくて、右側と照らし合わせることも重要よ。

〈**流動資産÷流動負債×１００（％）**〉で求められる**流動比率**も、会社の安定性を見る１つの指標なの。１年以内に現金化できる額が十分にあれば、１年以内に返さなきゃいけない額が多少大きくても乗り越えられるわ。逆に１００％を切ると不安よね。勤くん、貸借対照表について私が説明したことを整理してくれる？

は、はい。

貸借対照表の右側で重要なのは、流動負債の額と自己資本比率。自己資本比率は50％以上が目安だが、業種ごとに異なる。左側で気にすべきは流動資産で、右側で出てきた流動負債と比べることで会社の安定性を測ることが大事。ですね？

そのとおりよ。

（やった!!）

13 貸借対照表の左側で「お金の使い道」を知る

貸借対照表

（単位：百万円）

科目	金額	科目	金額
（資産の部）		（負債の部）	
流動資産		流動負債	
現金及び預金	150,000	支払手形及び買掛金	120,000
受取手形及び売掛金	100,000	短期借入金	50,000
棚卸資産	50,000	未払法人税等	10,000
その他	100,000	その他	120,000
流動資産合計	400,000	流動負債合計	300,000
固定資産		固定負債	
有形固定資産		社債	30,000
建物	200,000	退職給付引当金	10,000
土地	80,000	その他	10,000
その他	20,000	固定負債合計	50,000
有形固定資産合計	300,000	**負債合計**	**350,000**
無形固定資産		（純資産の部）	
のれん	50,000	株主資本	
その他	50,000	資本金	100,000
無形固定資産合計	100,000	資本剰余金	100,000
投資その他の資産		利益剰余金	400,000
投資有価証券	25,000	株主資本合計	600,000
その他	180,000	評価・換算差額等	30,000
貸倒引当金	△5,000	新株予約権	10,000
投資その他の資産合計	200,000	少数株主持分	10,000
固定資産合計	600,000	**純資産合計**	**650,000**
資産合計	**1,000,000**	**負債純資産合計**	**1,000,000**

●会社の安定性を見る2つの指標

$$\textbf{自己資本比率} = \frac{\text{自己資本（純資産－新株予約権－少数株主持分）}}{\text{（負債＋純資産）}} \times 100\ (\%)$$

$$\textbf{流動比率} = \frac{\text{流動資産}}{\text{流動負債}} \times 100\ (\%)$$

ポイント

貸借対照表の左側で注目するのは流動資産。流動負債と比べて会社の安定性を測ろう

14 連結決算――会社の業績をグループ全体でチェック

――潜在的な経営課題はないか？

次は、**連結決算**についての説明よ。

◎連結でグループ全体の力を見る

決算とは、会社が一定期間の経営成績や財務状態をまとめる一連の作業のことで、今まで見てきた損益計算書、貸借対照表などをつくる作業のことなの。連結決算は、財務諸表などをその会社だけで見るんじゃなくて**グループ全体で見る**ためのものよ。

グループってどういうことですか？

会社には、自社が出資している会社、経営者を派遣している会社、製品生産の下請けをしている会社など、結びつきの強い会社があるわ。そういうのをまとめて1つのグループと見るのよ。

でも、下請け会社とか取引会社を入れだしたら、きりないよなぁ？

そう。だから、どれくらい相手の会社の株を持っているかで結びつきの程度を判断するの。

株にはそんな役割もあるんかぁ。

株を多く持っているということは、その会社の経営に大きく関われるからじゃないですか？　株を持っているほどその会社を動かせるというか、支配できるというか……。

そう。勤くん、復習ばっちりね♪

（やった、やった!!）

具体的には、50％以上の株を持つ相手を**子会社**（自らは親会社）、20〜50％の株を持つ相手を**関連会社**と呼んで、自社とこの2種類の会社を併せて1グループとするのよ。

なぜ一緒にする必要があるんですか？

それには以下の理由が挙げられるわ。

- **親会社が子会社・関連会社に負債を肩代わりさせて、親会社単体の財務状態をよく見せる操作を無意味にする。**
- **子会社・関連会社の経営難は親会社の生産活動までも圧迫しかねず、グループ全体の財務状態を見ることで潜在的な経営課題を見抜くことができる。**
- **親会社が子会社・関連会社に商品を売って利益を計上しても、グループ外に商品を売らない限り利益は発生しないので、グループ全体の営業活動の実力を示すことにつながる。**

ごまかしを防いで会社の業績をはっきりと見るには、連結したほうがいいってことやね？

男にしても、家族に莫大な借金があったり、友だちからお金を借りてデートしているような人とは到底つき合えないのと同じよ。ね、彩さん？

ええ、まぁ……（シビアだわ）。

◎中間決算と四半期決算もある

決算には1年ごとに行われる通常ののほかに**中間決算**と**四半期決算**があるのよ。

「四半期決算」って何ですか？

中間決算が半年ごとの決算で、四半期決算は3カ月ごとの決算のことよ。ただし、四半期ごとの業績に一喜一憂せずに長い目で見ることも必要よ。

14 ごまかしを防いでグループ全体の業績をはっきり見る

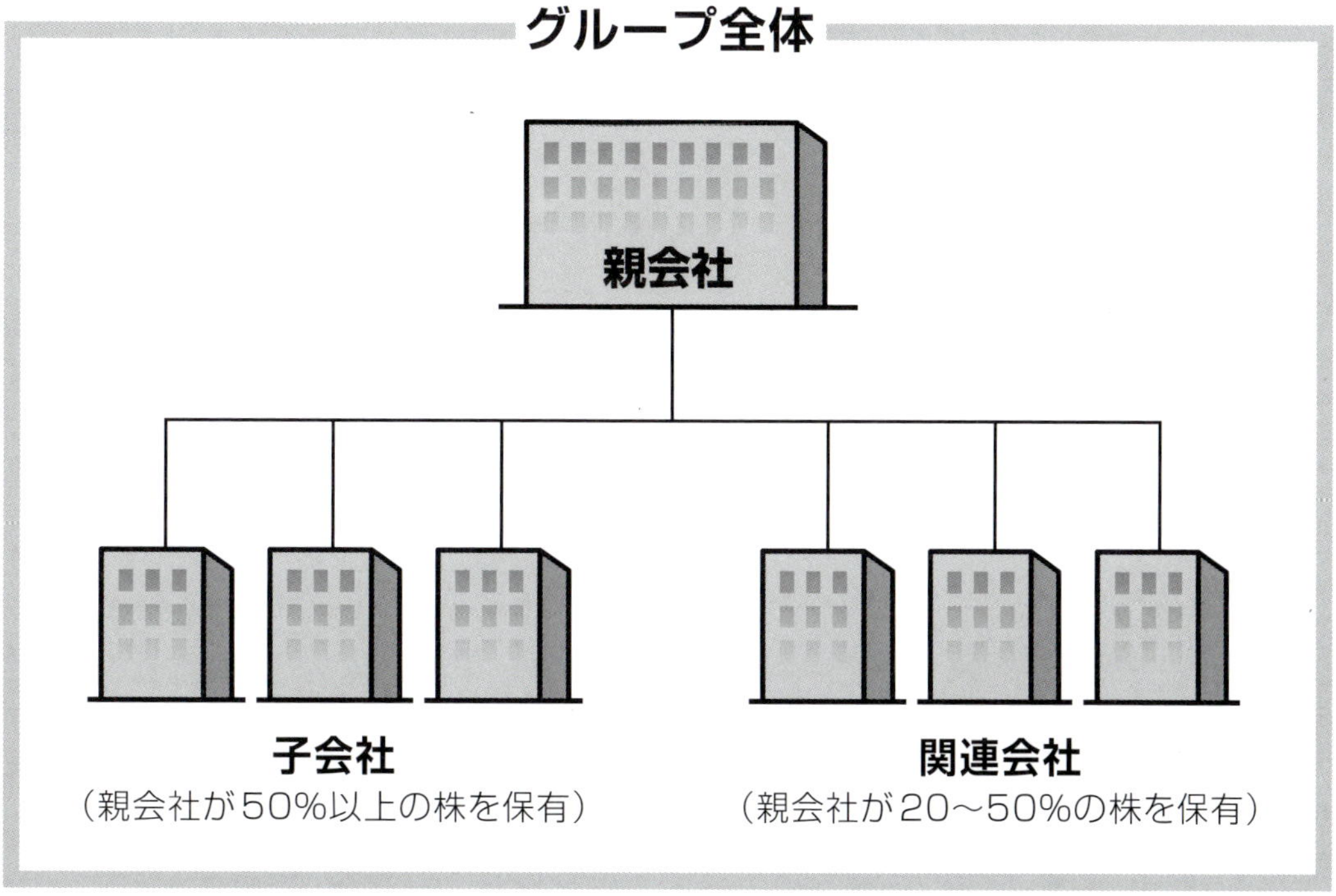
グループ全体
親会社
子会社
（親会社が50%以上の株を保有）
関連会社
（親会社が20～50%の株を保有）

子会社に負債を
肩代わりさせていないか？
子会社は経営難に陥っていないか？
親会社が子会社に商品を売っても
グループ全体では利益は発生しない！

ポイント 上場企業は四半期ごとに決算を報告している。
グループ全体の実力を示す連結決算に着目する。

15 指標の使い方をマスターしよう〈PERとPBR〉

——「株価収益率」と「株価純資産倍率」の使い方

ここまでは会社が発表する業績と財務状態を示す数字について見てきたけど、これからはそれらをちょっと加工した、いろいろな指標を見ていくことにするわ。

まずは株価が割安か割高かを判断する**PER**と**PBR**という2つの指標を取り上げましょう。

◎PERは期待と現実のギャップ

PERとは**株価収益率**のこと。

〈PER＝株価÷EPS（1株当たり当期純利益）（倍）〉

会社が発行済株式数に対して「現実に」どれくらい利益を上げているか（1株当たり当期純利益）と、投資家もしくは市場が1株当たりどれくらいの利益を会社に「期待」しているか（株価）を比べたものよ。

つまり、期待と現実のギャップを示した指標ということですね。

数値がでかすぎると、現実そっちのけで期待が膨らんでるから、後でがっかりしたときに株価が下がる、逆に……。

数値が低すぎると、現実に比べ市場からの評価が不当に低いということになり、その低いときに買っておけば、後々ほかの投資家がその会社のよさに気づいて株をほしがり、株価が上がって利益を得られるということですね。

そうそう！　だいぶ理解してきたわね。

PERの割安・割高って、何と比べて判断すればいいんですか？

いい質問ね。PERは業種ごとに差があるから、その会社が属する業種平均（左ページ参照）と比べるものなのよ。

◎PBRは1倍が基準点

PBRとは**株価純資産倍率**のこと。

〈PBR＝株価÷BPS（1株当たり自己資本）（倍）〉

会社が倒産したときに株主に対して、1株当たり払えるお金（1株当たり自己資本）と、株価を比べたものよ。

純資産のうちでも、とくに株主のものである自己資本で計算するところに注意ね。

PBRが1になるということは、どういうことか考えてみて。

「**株価＝1株当たり自己資本**」ということですね。自己資本は会社が倒産したときに株式保有者に返ってくるお金だから、PBRが1ということは、その会社が倒産したときの価値以上に株が評価されていないということか……。

実際は倒産しそうでないのであれば、PBRが1というのは低すぎる評価がされているということになるわ。

そう。PBRが1近くまで下がっていても、実際は倒産しそうにないのなら、市場もさすがに1を下回る水準まで株価は下がらないだろうと考え、株価は割安だと判断されるのよ。

PBRも業種ごとに違うから、業種平均との比較はしましょうね（左ページ参照）。

15 株価が割安か割高かを判断する

PERとPBRの業種平均

	PER（倍）	PBR（倍）
水産・農林業	14.5	1.1
鉱業	16.9	0.5
建設業	17.8	1.4
食料品	26.8	2.1
繊維製品	31.5	1.2
パルプ・紙	21.8	0.7
化学	18.5	1.3
医薬品	31.7	2.2
石油・石炭製品	N.A.	0.7
ゴム製品	11.1	1.4
ガラス・土石製品	20.8	1.1
鉄鋼	10.3	0.7
非鉄金属	11.6	0.9
金属製品	20.8	1.0
機械	16.9	1.3
電気機器	20.9	1.6
輸送用機器	12.6	1.3
精密機器	29.4	2.2
その他製品	31.2	1.5
電気・ガス業	18.8	1.2
陸運業	21.6	1.8
海運業	10.6	0.6
空運業	15.0	1.8
倉庫・運輸関連業	17.1	0.9
情報・通信業	19.9	1.7
卸売業	13.1	0.8
小売業	33.2	2.0
銀行業	10.9	0.7
証券、商品先物取引業	11.9	1.1
保険業	17.2	0.9
その他金融業	16.5	1.3
不動産業	23.5	1.8
サービス業	30.2	2.7

東京証券取引所発表の統計資料より作成

（注1）2015年8月時点のデータを抜粋

（注2）N.A.は、公表されていないことを意味する

●PERが低ければ株価は割安、高ければ株価は割高

PER（株価収益率） ＝ 株価 ／ EPS（1株当たり当期純利益）

●PBRは1に近いかどうかで、株価の割安・割高を示す

PBR（株価純資産倍率） ＝ 株価 ／ BPS（1株当たり自己資本）

ポイント

PER、PBRは業種によって異なるので業種平均と比較する

16 指標の使い方をマスターしよう〈ROEその他〉

――「自己資本利益率」で経営効率と配当能力を知る

次は**経営効率**などを見る指標よ。**ROE**という指標で、**自己資本利益率**をあらわすのよ。次の式で求められるわ。

〈ROE＝当期純利益÷自己資本×100(%)〉

会社が株主から集めた資金を使って、どれほど効率よく利益を上げているかを示す指標よ。

◎ROEで配当能力を測定する

これはわかりやすいなぁ。会社がどれだけ効率的に儲けているかっちゅうことやろ。

その通り。あと、投資家の視点から、何か言えないかしら？

ROEが高いということは、自分が投資したお金をうまく使ってくれているということだから、投資のしがいがあるわ。

ROEが年々伸びていると、後々の配当アップが期待できますよね。

そうね。おもには経営効率を見る指標なんだけど、当期純利益は株主への配当の元手になるものだから、ROEは配当能力を測定する指標ともいえるわ。

そういえば、ROAっていうのも聞いたことあるで。

そう、**ROA（総資産利益率）**も有名ね。

〈ROA＝営業利益÷総資産×100(%)〉

ROEが投資家視点であるのに対して、ROAは株主だけじゃなくて銀行からも集めたすべてのお金から、利益をどれだけ効率的にあげたかを表す指標よ。場合によっては、営業利益を当期純利益などほかの利益で表すこともあるから注意してね。

◎配当を多く出している会社を知る

そのほかにも、注目すべき指標を挙げておくわね。

1つは、**売上高営業利益率**。これは次の式で求められるわ。

〈常業利益÷売上高×100(%)〉

それから、**配当性向《はいとうせいこう》**も重要よ。これは、利益に対してどれだけを配当に回しているかをあらわすもので、次の式で求められるわ。

〈1株当たり配当金÷1株当たり当期純利益×100(%)〉

さらにもう1つ。**配当利回り**。これは株価に対する配当金の割合を示すもの。

〈1株当たり配当金÷株価×100(%)〉

最後に、勤くん。PER、PBR、ROEについてまとめてみてくれる？

PERは株価の割安・割高を判断するもので、低ければ割安、高ければ割高ですね。PBRも株価の割安・割高を示す指標で、1に近いかどうか、さらには業種平均との比較で割安かどうかを判断します。

ROEはPERやPBRとは違って、会社の経営効率と配当能力を測るものですね。

そのとおり！　すごいわ、勤くん。

（やった！）

16 会社がどれだけ効率的に儲けているかを判断する

配当利回りとROEの業種平均

	配当利回り（%）	ROE（%）
水産・農林業	1.82	7.6
鉱業	1.4	3.0
建設業	1.59	7.9
食料品	1.18	7.8
繊維製品	1.72	3.8
パルプ・紙	1.48	3.2
化学	1.66	7.0
医薬品	1.26	6.9
石油・石炭製品	2.67	N.A.
ゴム製品	1.75	12.6
ガラス・土石製品	1.51	5.3
鉄鋼	1.96	6.8
非鉄金属	2.05	7.8
金属製品	1.62	4.8
機械	1.76	7.7
電気機器	1.54	7.7
輸送用機器	1.65	10.3
精密機器	1.37	7.5
その他製品	1.54	4.8
電気・ガス業	1.53	6.4
陸運業	1.04	8.3
海運業	2.41	5.7
空運業	2.13	12.0
倉庫・運輸関連業	1.59	5.3
情報・通信業	1.55	8.5
卸売業	2.16	6.1
小売業	1.07	6.0
銀行業	1.6	6.4
証券、商品先物取引業	3.19	9.2
保険業	1.51	5.2
その他金融業	1.77	7.9
不動産業	0.94	7.7
サービス業	1.53	8.9

東京証券取引所発表の統計資料より作成

（注1）2015年8月時点のデータを抜粋

（注2）N.A.は、公表されていないことを意味する

●配当利回りは、株価に対する配当金の割合を示す

$$\textbf{配当利回り} = \frac{1\text{株当たり配当金}}{\text{株価}} \times 100\ (\%)$$

●ROEは、会社の経営効率と配当能力を測るもの

$$\textbf{ROE（自己資本利益率）} = \frac{\text{当期純利益}}{\text{自己資本}} \times 100\ (\%)$$

ポイント ROEの高い会社は株主が投資したお金をうまく使っている

17 会社の動きをとらえよう〈業種・会社の特徴〉

——これから期待できる業種・会社は？

今までは決算を中心に話を進めてきたけど、ここからはそれ以外の観点から会社を見ていくわよ。まあ男も……。

稼ぎや資産も重要だけど、普段の行い、性格も重要だということですよね。

ふふ、その通りよ。

ニヤリ（先生の気持ちがわかってきたぞ！）

（悪ノリはやめとけって……）

◎会社が属する業種は今後伸びるか

会社を見るときは、まず何を見るかしら？

どんだけかわいい子をCMに使っているかやなぁ。

たしかにイメージは大事ね。でも、まずはその会社がどんなことをやっているかを見る必要があるのよ。

男も、将来的にきちんと家族を養っていける職に就《つ》いているかが重要ですもんね！

そういうこと♪

トヨタなら自動車を製造・販売する、ファミリーマートならコンビニを経営するってことですか？

そうよ。そして、その会社が属する業種が今後伸びるかどうかが重要なところなの。

株価は投資家の期待を反映するものですからね。

たとえば、5年後もみんな自動車を今まで通りほしがるか、コンビニを利用していくか。今いいだけではダメなの。あくまで将来がポイントよ。

◎これから期待できる業種に投資する

今挙げた自動車とコンビニという2つの業種について、みんなはどう思う？

うーん、最近はハイブリッド車とか電気自動車がよう売れとるしなぁ。エネルギー効率も上がってるみたいやし、原油価格の動向とか、先進諸国でのエコブームが追い風になって、おもろくなりそうな気がするんやけど。

遊太くん、いい線いってるわ。充電池をつくる会社は、今まさにしのぎを削っている真っ最中なの。特定の車種に人気が出れば、そのメーカーに多く供給している電池部材メーカーにも大きな利益が見込めそうね。

時代の流れに沿った将来性を考慮して、これから期待できる業種に投資するべきなのよ。

じゃあ、コンビニのほうは？

ほかのコンビニや24時間営業を始めたスーパー、ドラッグストアに顧客をとられないために、ポイントカードなどを使って囲い込みができているか、プライベートブランドなど価格競争に打ち勝つ方法を備えているか、さらには国内市場が飽和しているので、いかに早く海外に進出できるかがカギじゃないでしょうか？

勤くんも鋭い！

むふふ。

（勤くん、笑い方が不気味……）

17 会社の属する業種が伸びれば、会社の株価も上昇する

ハイブリッド車や電気自動車の売行きが好調
原油価格はどうなるか？
先進国のエコブームが追い風？
電池部材メーカーが大きな利益を上げる？

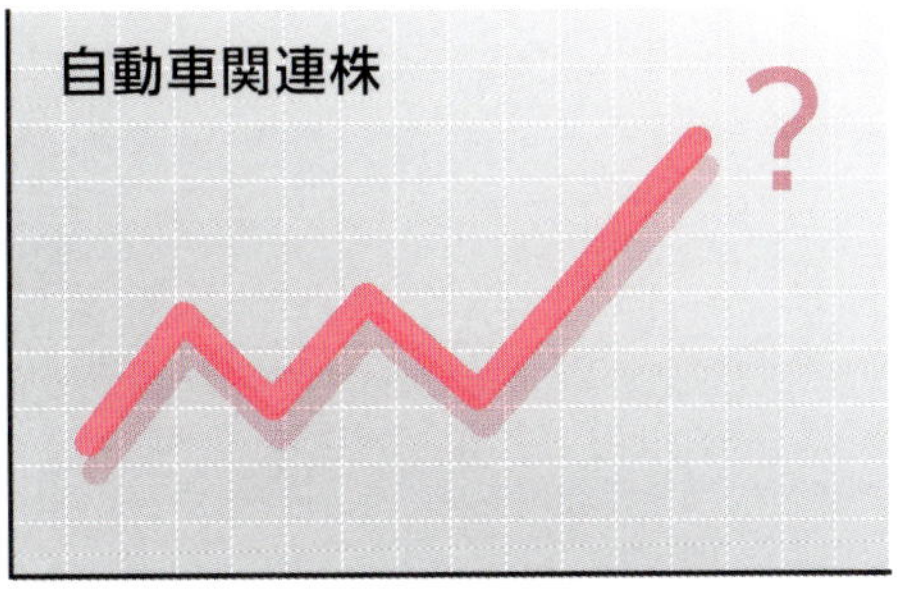

ポイント **時代の流れに沿った将来性を考慮して、期待できる業種・会社に投資する**

18 会社の動きをとらえよう〈業績を変える要因〉

――新商品・新技術の開発、リストラ、不祥事、天候

次はもう少し細かく、何が会社の業績を変化させる要因になるのかを見ていきましょう。

◎プラスの要因、マイナスの要因

車の話でも出たけど、**新商品・新技術の開発**は会社にとってプラスになりそうだわ。

特許なんか取ってしまえば、一定期間は技術を独占して大儲けやし、その後も特許料収入でウハウハやもんな。

そうね。じゃあ、事業の拡大、たとえば新分野への参入や他社との提携、M&Aはどう？

ん、M&Aってなんですか？

M&Aというのは合併と買収。つまり、2つの会社が1つになることと、片方の会社がもう片方を買って自分のものにすることよ。

じゃあ先生が言ったことは、どれも会社の売上アップ、利益アップにつながりそうだからプラス要因やな。

そうかしら？　無理にいろいろなことに手を出していたら、結果的に自分の首をしめることにならないかしら。

そうね、これらが常にプラスに働くとは思っちゃダメ。でも、会社も考えて行動しているわけだし、決算書や事業拡大にかかる費用などを見て、無理していると考えられるとき以外は利益を上げる機会を増やしているのだから、おおむねプラスに働くと見ていいわ。

反対に、**事業の縮小やリストラ**（工場・機械の整理縮小、人員削減など）はどうかしら？

ムダをなくしてやるべきことにお金を回してるからOK？

そう！　リストラの目的やその後の経営方針がしっかりしているのならプラス要因ね。

◎不祥事は株価を下げる

ときどき**顧客情報の流出**とか、**衛生管理の不徹底**のニュースを聞くけど、そういうのは業績とか株価に影響を与えないんですか？

顧客の個人情報が流出してしまったら、会社に対する信頼は崩れます。

衛生管理をしっかりやってなかったら、その会社の商品を買う気なくすな。

こういった不祥事は消費者の信頼をなくして利益が減るのが予想できるわね。株価もそれを見越して下がるのよ。

次に**天候**。たとえば冷夏になると、どんな業種に影響が出るかしら？

エアコンや飲料の需要が落ちます。家電業界・飲料業界にはマイナスね。

逆に例年以上に冬が寒いときは？

エアコンの需要は上がりますよね。それと、冬物の服がよく売れる。

そうそう。じゃあ、雨の日が多いときは？

雨降ったら外出めんどいからな～。レジャー産業（遊園地、テーマパークなど）は痛いんやないかなぁ。

みんな経済を見る目がついてきたわね。

18 株価の上下にはさまざまな要因が働く

●新商品・新技術の開発

プラス要因

●M&A

おおむねプラス要因

●事業縮小・リストラ

経営方針がしっかりしているならプラス要因

●顧客情報の流出

マイナス要因

●衛生管理の不徹底

マイナス要因

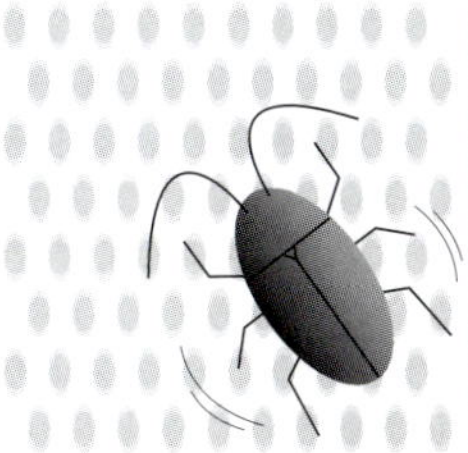

●冷夏

家電・飲料業界にマイナス

●厳冬

衣料品業界にプラス

●多雨

レジャー産業にマイナス

ポイント 業種によって、プラスに働く要因・マイナスに働く要因は異なる

19 会社の動きをとらえよう〈資金調達〉

——増資、自己株式取得で株価はどう動くか

次は、業績アップには直接つながらないけど、会社にとっても投資家にとっても重要な**資金調達**の話よ。会社が資金調達をすると、株価にどんな影響があるか考えてみましょう。

◎増資の発表で株価が下がる？

まず、資金調達のなかでも、とくに株価に影響を与える**増資**について考えましょう。増資とは、会社が事業をやるのに必要な資金を集めるため、新たに株を発行することをいうのよ。

発行済株式数が増えるということは、1株当たり当期純利益が小さくなって、PERは高くなり、株価は割高と見られて下がるんじゃないですか？

ん？ なんやっけそれ？

勤くんの言う通りよ。遊太くんは38ページで復習しなさいね。

でも、増資で得たお金を新たな事業に投資して収益を上げれば、1株当たり当期純利益は上がる可能性もあるんじゃないですか？

彩ちゃん、いいところに気がついたわ。会社にとって魅力的なビジネスがある場合は、増資をすることが株価を下げることにはつながらないはずよね。なんのために増資するのかというのが重要なの。ただ、その会社に魅力的なビジネスがあるかどうかは、投資家からはなかなかわからないこともあって、基本的には増資が発表されると株価は下がることが多いのよ。

◎自己株式取得は株価上昇要因

じゃあ次に増資の逆、**自己株式取得**は？

えっ、増資の逆って減資ちゃうの？

法律では、減資は資本金の額を減らすことをいうの。だから、株を発行してお金を集めるという意味での増資の逆は自己株式取得。これは、会社がお金を払って投資家が持っている株の数を減らすことよ。

あれっ？ 会社は株主にお金を返さなくていいって習いましたよね？ 株主は会社からお金を返してもらえないのに、会社は自分の勝手で株を買い戻せるのは不平等な気がします。

彩ちゃん、いいところに目をつけたわ！ そういった問題があるから、自己株式取得は配当と同じように、資金の余裕がある範囲で決められた手続きを踏まないとできないのよ。

では、株価はどう反応するかしら？

自己株式取得は増資の逆だから……自己株式取得をすると発行済株式数が減り、1株当たり当期純利益が増える。そしてPERは下がって割安感が出て、株価は上がる！

その通り。だから、自己株式取得は株価上昇要因といえるわね。この意味で、自己株式取得は配当みたいな株主還元策ともされるの。ただ、配当と違って権利日といった問題がないから、自己株式取得は市場にはかなり好印象に受け取られることを覚えておいて。

19 資金調達と株価の関係

◉増資

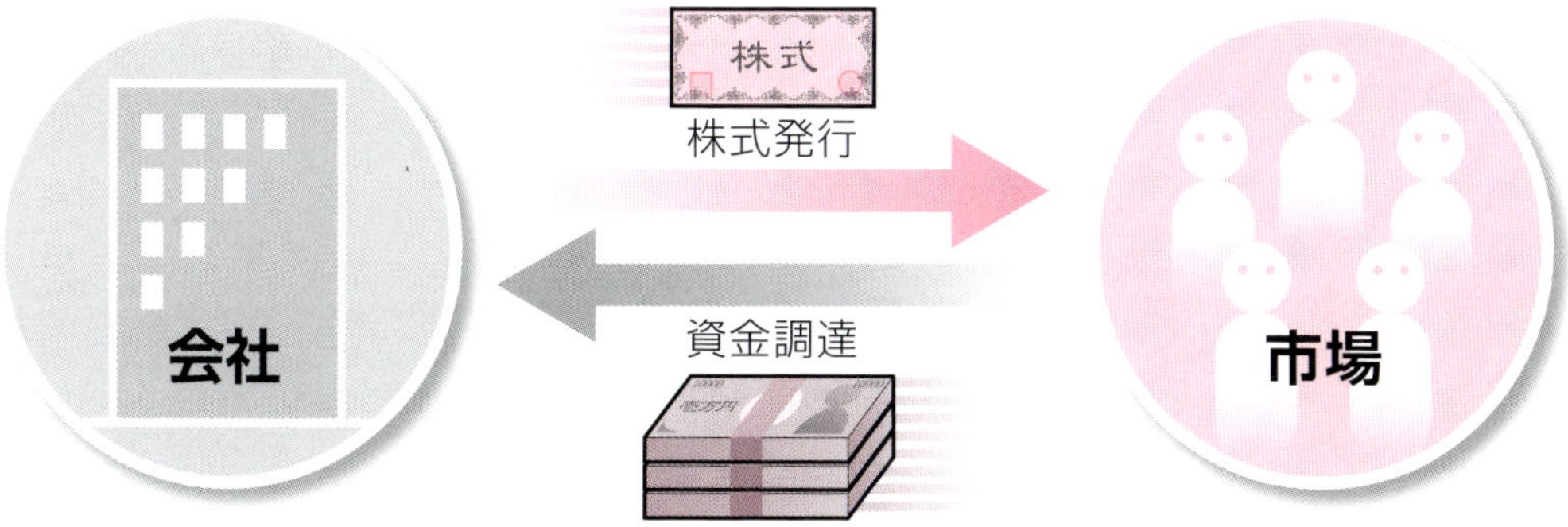

株を追加発行して資金を集める

発行済株式数が増えて1株当たり当期純利益が減るため、
株価にマイナス

◉自己株式取得

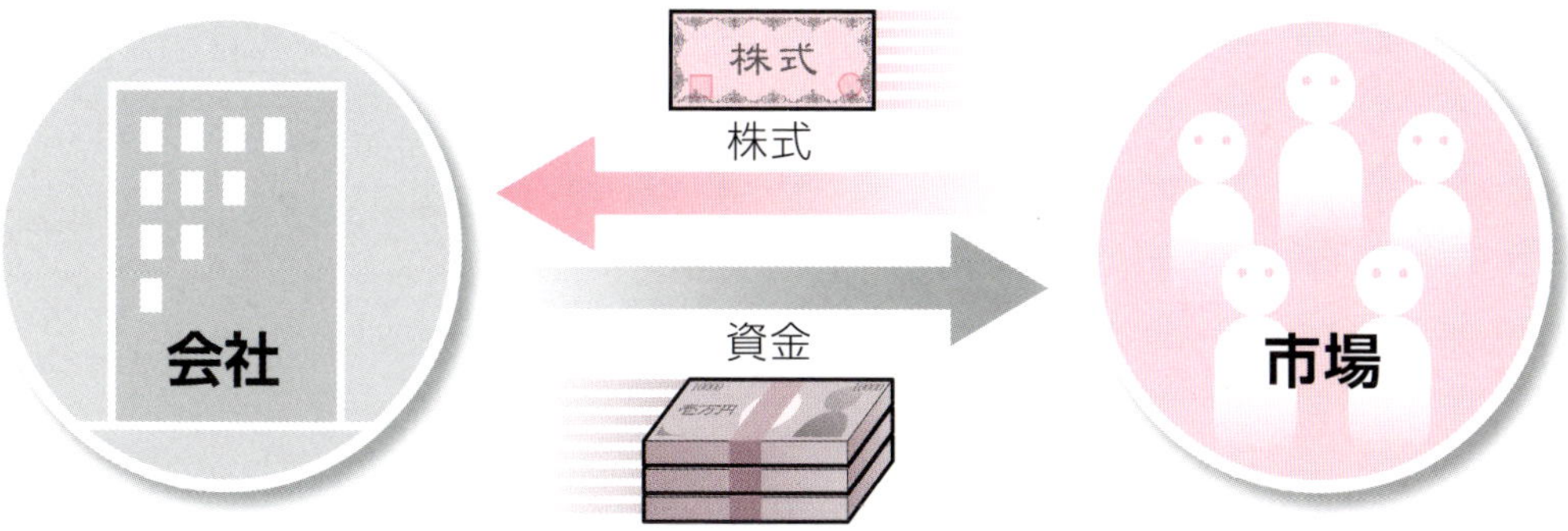

会社が市場などで自社の株を買う

発行済株式数が減って1株当たり当期純利益が増すため、
株価にプラス

ポイント **増資が発表されると株価が下がることが多い。逆に自己株式取得で株価は上がる**

20 チャートの分析をしよう〈ローソク足・トレンドラインなど〉

——売り・買いのタイミングを知る

さあ、ここからはテクニカル分析よ。まずは左ページ上の表を見て。

◎値動きを示すローソク足

この棒状に伸びているものを**ローソク足**というのよ。その日の最初についた株の値段（**始値**）と最後についた値段（**終値**）を比べて、始値のほうが安ければ白、高ければ黒。ちなみに白を陽線、黒を陰線と呼ぶのよ。

要はその日のうちに株価が上がれば**陽線**、下がれば**陰線**ってことやね。じゃあ、この上下についてる線はなんですか？

これはヒゲといって、その日の株価がどの範囲で動いたかを示しているの。上に伸びているのを上ヒゲと呼ぶんだけど、その一番上がその日ついた値段で**一番高いもの**（**高値**）よ。逆に、下に伸びている下ヒゲの一番下は……。

その日ついた**一番安い値段**（**安値**）。

その通り。今説明したのは1日の値動きを示すローソク足で、**日足**《ひあし》と呼ぶの。

ほかにも**週足**・**月足**とかあるから、短期的に見るか、中・長期的に見るのかで使い分けるといいわ。

◎大きく株価の流れを判断する材料

大きく株価の流れを判断するのが、**トレンドライン**や**移動平均線**よ。

トレンドラインは、全体的に上昇傾向だとか下落傾向だとか、一定の範囲をいったりきたりしている（「株価が**ボックス圏**にある」という）とかを表しているの。

また、ボックス圏のときはとくにそうなんだけど、一定以上は株価が上がらないとか、逆にある基準以下には下がらないという上限・下限が見えてくることがあるわ。これを、それぞれ上値の抵抗線・下値の支持線と呼ぶのよ。

じゃあ、移動平均線ってのは？

移動平均線は左ページの上の図にある線A・Bのことよ。過去の一定期間の終値を平均して算出された値を連続して結んだもので、トレンドラインと同様に相場の流れを判断するときに使うものなの。株価がこの移動平均線から離れている割合を示す移動平均乖離《かいり》率は、売買するときの判断材料の1つよ。

（どうやってデートに誘えばいいかな）

移動平均線の線A・Bの違いは？

Aを短期線、Bを長期線と呼ぶの。短期線のほうが直近の値動きをつかみやすいわね。

図では、短期線と長期線が交わっとるで！

いいところに目をつけたわね。短期線が長期線を下から追い越したときは**ゴールデンクロス**といって、一般的に「買い」のタイミング。逆に、短期線が長期線を上から下に突き抜けたときは**デッドクロス**と呼ばれ、「売り」のサインとされているわ。

ブツブツ。（強気でいくべきか……）

勤くん、さっきから集中してないでしょ！

す、すみません。

20 株価の動きから「売り」「買い」のタイミングを知る

チャートとローソク足

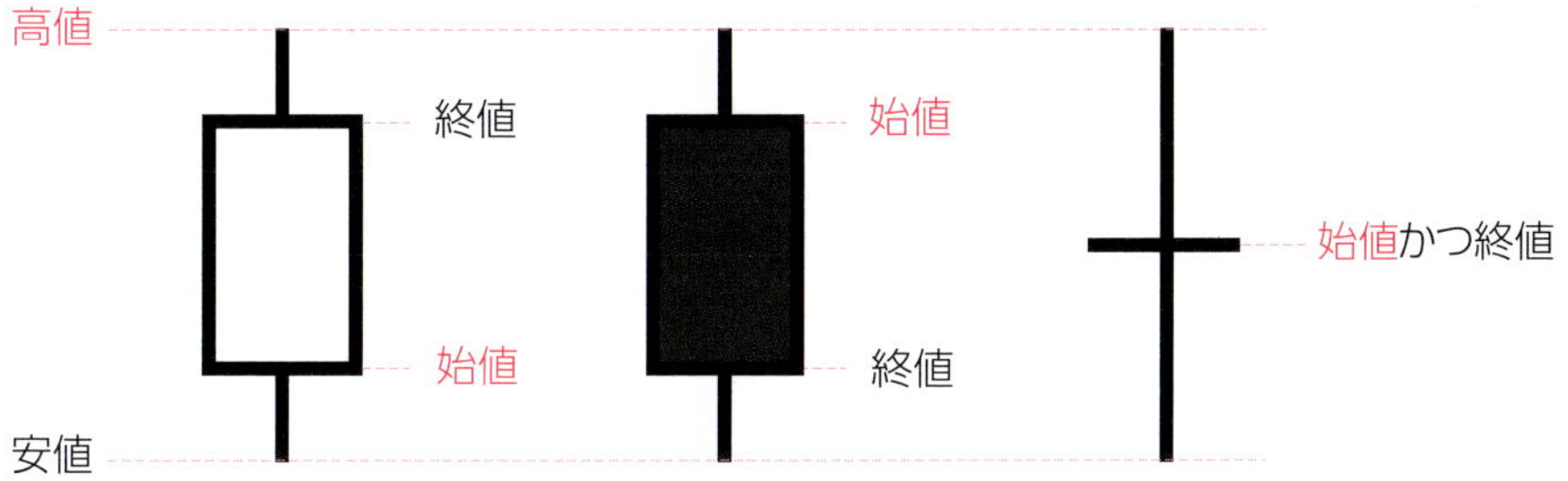

トレンドライン

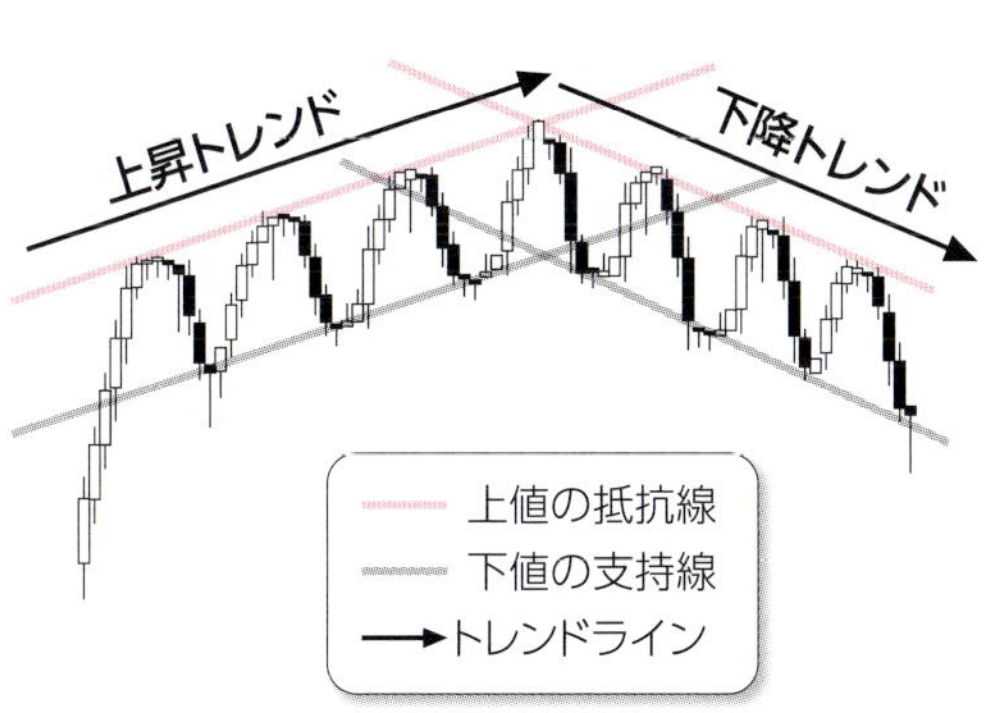

ゴールデンクロスとデッドクロス

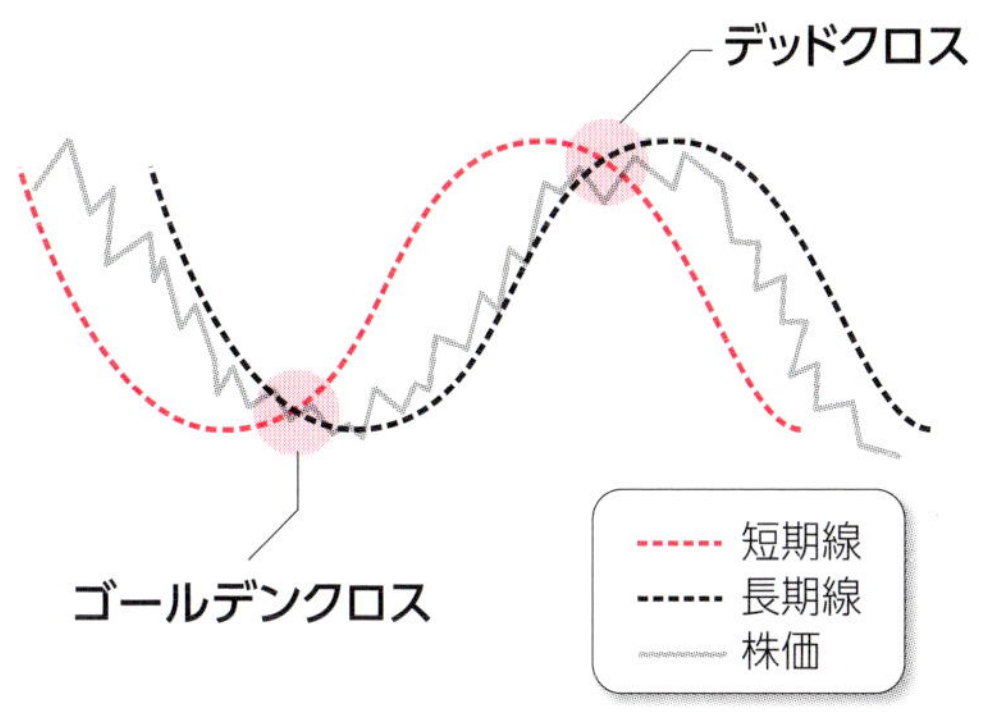

ポイント

ゴールデンクロスは「買い」のタイミング、デッドクロスは「売り」のサイン

21 チャートの分析をしよう〈出来高・レーティング〉

——株価の上がりそうな銘柄はどれか

◎出来高が大きい銘柄は動きやすい

じゃあ、名誉挽回のために勤くんに質問するわ。前ページのチャートの下の棒グラフは、何を表していると思う？

えーっと……。株の売り買いされた数？

さすが勤くん、しっかり予習してきているのね。でも、授業で手を抜いちゃダメよ。

はい!!（希望の光が！）

これを**出来高**というの。この数値が大きいということは、その銘柄の売買が活発だということで、株価も動きやすいわ。

◎レーティングと目標株価

最後に**レーティング**について説明するわね。

これは証券会社や研究機関の証券アナリストと呼ばれるプロたちが、会社への質問や詳細な市場調査などを通して得た情報をもとに今後の売買に臨むスタンスを「買い」「中立」「売り」として発信したものよ。

目標株価と呼ばれる、ここまでは上がるんじゃないかというアナリストの予想も一緒に発表されることが多いから、参考にしてね。

エキスパートに上がると言われると、本当に上がりそうですね。

そうね。同じように考える投資家は多くて、レーティングの高い銘柄は、そういった期待感から株価が上がる場合も多いわ。これが、株式投資は美人投票だといわれる所以ね。

紀香先生はみんなから美人だと思われてるから、株価は常に上昇ですね。

（うわ〜、ベタなほめ言葉……）

もちろんそうよ。当然格は高いでしょうし、私に群がる男は数知れずというところね。

（先生もノってもうたよ）

（否定しないんだ……）

（なんて魅力的なんだ！）

こんなところで私の授業は終わりよ。みんな、このLesson2で勉強したことはこれから必要な知識ばかりだから、しっかり復習しておいてね。

はーい。

せ、先生!!

どうしたの？

あ、あの……僕、先生にお話が……。

ごめんね、私ちょっと急いでるの。最後にひとつだけアドバイスをするわ。

勤くんは頭がいいけど、男も会社も、安定して成績や業績がいいだけじゃダメなのよ。それじゃあ女の子や投資家は惹《ひ》きつけられないわ。大事なのは、それ以上のインパクトよ。だから勤くんも、もっと意外性とか、勉強だけじゃないってところを見せてほしいわ。

それじゃあみんな、またね！

はい。（今の僕じゃダメだってことか）

勤、ドンマイ。世の中、紀香先生だけが女やないって！

う、うん……。（涙）

21 出来高とレーティングを見る

●出来高

A社は出来高（株の売り買いされた数）
が大きいなあ
つまり株価が動きやすいということだ

●レーティング（格付け）

A社は「買い」
B社は「中立」
C社は「売り」
会社への
質問
詳細な
市場調査
カツカツ
カツ
カツカツ
カツ
カツカツ
証券アナリストたち

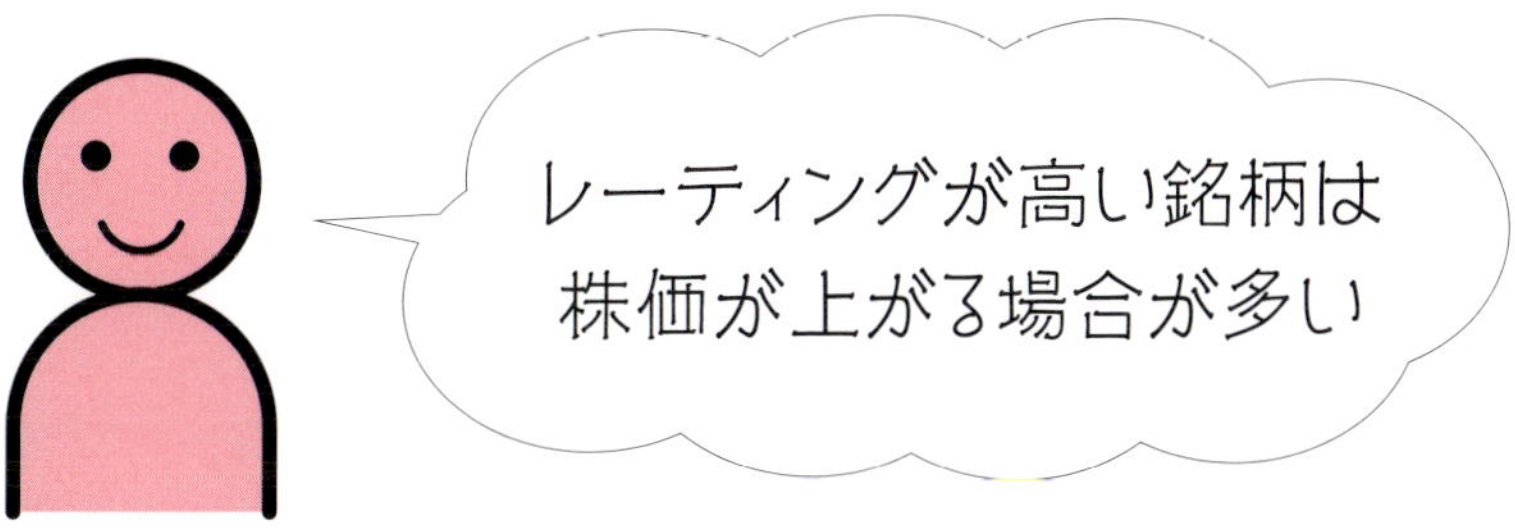
レーティングが高い銘柄は
株価が上がる場合が多い

ポイント　出来高やレーティングは株価に影響を与える

QUIZ!

クイズで身につく株式投資力 ①

指標を利用した銘柄選び

証券口座を開設して入金もすませたあなたは、さっそく株を買おうと銘柄選びを始めました。

「まずは自分の一番よく知っている業界の会社の株を買おう！」と思い、毎日利用しているコンビニの会社をピックアップ。そして、次の3つの会社まで絞りこみました。

以下の表は、イレブンスター、スイートマート、ハイソンの株価指標を示しています。さて、あなたならどの会社の株を選びますか？

	PBR	PER	売上高成長率	自己資本比率
イレブンスター	2.5	30.4	18%	75%
スイートマート	3.4	35.4	10%	50%
ハイソン	2.3	45.4	12%	70%

①イレブンスターを購入
②スイートマートを購入
③ハイソンを購入

株価指標の見方を思い出しましょう。株価指標は3つの視点から見ることが大切です。それは、「割高か割安か？」「成長しているか？」「安定性はあるか？」です。

まず、PBRとPERを見て、その株が割高か割安かを判断します。PBRは株価純資産倍率、PERは株価収益率のことです。ともにその値が高ければ割高、低ければ割安と判断されます。

この場合は、

PBR：スイートマート（3.4）＞イレブンスター（2.5）＞ハイソン（2.3）

となり、ハイソンが一番割安になっていますが、イレブンスターも0.2しか違いがありません。さらに、

PER：ハイソン（45.4）＞スイートマート（35.4）＞イレブンスター（30.4）

ですから、イレブンスターが一番割安です。この2つの指標を総合的に見れば、イレブンスターが一番割安ということになりそうです。

さらに、売上高成長率を見ると、

売上高成長率：イレブンスター（18%）＞ハイソン（12%）＞スイートマート（10%）

と、イレブンスターがもっとも成長していると考えられます。

続けて、安定性を見ましょう。自己資本比率を見れば、その会社の財務体質が安定しているかどうかがわかります。

自己資本比率：イレブンスター（75%）＞ハイソン（70%）＞スイートマート（50%）

今回の場合は、どの銘柄も50%を超えているので財務内容は健全といえます。

よって、3つの視点から、総合的に判断すると、割安で、成長性があり、潰れる心配のないイレブンスターを購入するのがいいということになります。

答　①

Lesson 3

株価はどうして上下するんですか？

★Class of Kaburera

おう、俺は株レラだ。上腕二頭筋が最高だろ！　はははは！

キ、キモい……。

か、かっこいい……。

うそっ！（こいつマッチョ好きなんか。勤といい、彩といい、こいつら変わっとるな……）

いいか、よく聞けよ。今までお前たちは株式投資の基本を学んだな。ここからはちょっと応用をやっていくぞ。こういうところを考え出すと、株式投資を通じて社会勉強もできるぞ。さぁ、スパルタでいくぞ！　はははははは！

（なんでこんな体育会系なんや？）

株式投資を通じての勉強ですか。投資をしていく過程で会社を分析する勉強になることはわかりましたが、社会勉強というほどの勉強になるのでしょうか？　いまいちイメージがわかないのですが……。

そーか。それでは少し教えてやろう。

22 市場心理で株価は上下する

——ニュースを分析して市場心理を読む

お前たち、バブルという言葉を聞いたことはあるか？

株価がバカ上がりして、みんながウハウハだった時代のことやんな。その後、逆に株価がバカ下がりして、損する人がめちゃくちゃ増えた。いわゆるバブル崩壊ってやつやね。

その通りだ。

◎日経平均で株価全体の動きを知る

じゃあ、お前たち、**日経平均**って知っているか？

株価全体の動きを知るためのもっともポピュラーな指標で、2015年8月末では1万9000円弱だが、1990年頃のバブルのときは4万円近くもあった。

つまり、同じ株を持っていても、株価は今の2倍以上あったわけだ。今100万円持っているものが、200万円だったわけだから……当然景気はよかった。

逆にバブル崩壊後だけ考えたら、価値は2分の1ってことですよね。

そうだ。それがバブルだったわけだ。

俺の親はバブルで失敗して……。

まあ、遊太、「人の振り見て我が振り直せ」だ。株は扱い方を間違えると、危険なものにもなる。バブルはそのいい例だ。

しかし、株は勉強になることもたくさんある。株価というのはただランダムに上がったり下がったりするのではなく、会社の業績や世界情勢、政府の政策、そして市場参加者の思惑などがからんでくる。日々のニュースが反映されるわけだ。

◎市場心理を読んだ者が勝つ

それぞれの市場参加者は日々のニュースを解釈し、今後の業界動向にどんな影響が出るのかを予想する。そして、その予想を元に株を売買する。

つまり株式投資では、ニュースを元に**「市場参加者がどう予想し、どう行動するか」**を予想した者が勝つ！　市場心理を読むってことだ。

バブルではお金儲けに目がくらんで、みんな業績の先行きに対する予想がおかしくなっていた。しかし、冷静にニュースを分析していた人たちは、さっさと株を売って利益を確定させていた。はははは。

先生、もしかしてバブルで儲けまくったうちの一人？

バレたか。俺はバブルが崩壊する前に、きちんと株を売って利益を得た。俺はきわめて冷静だからな。ぬはははは！

……。

お前らもニュースをきちんと分析できるようにならねばいかん。株式市場においては、今後の経済状況がよくなると思うようなニュースが流れると、将来の業績への期待が大きくなって株価が上がる。

その具体例を今から教えてやろう。

22 日々のニュースが市場心理に影響を与える

日経平均の推移

市場心理を正確に読んだ者が勝つ！

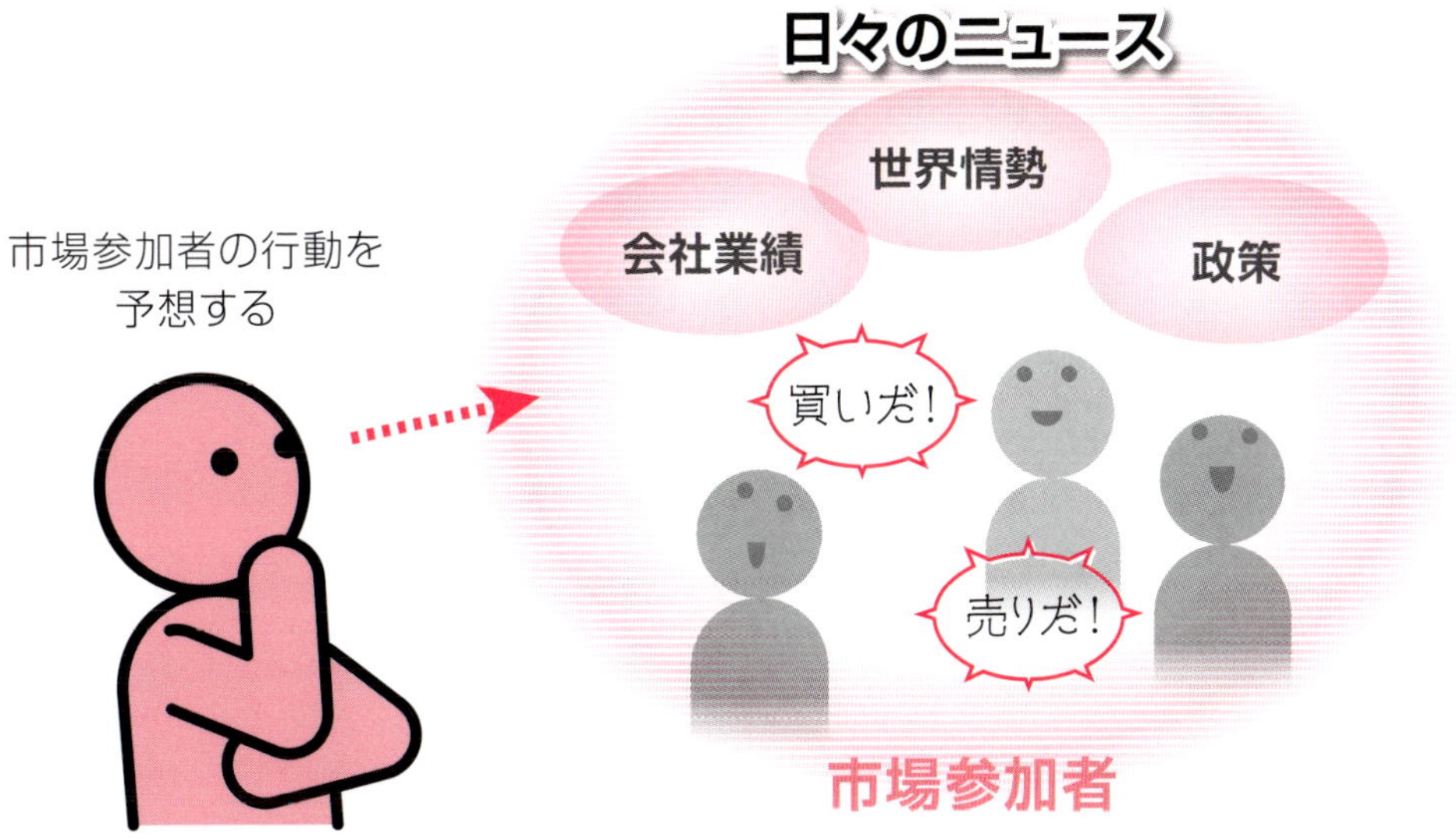

ポイント 日々のニュースをもとに市場参加者の行動を先読みしよう

23

経済指標で株価は動く

――「経済指標」と「市場心理」の関係を知る

最初は**経済指標**について教える。

◎市場に影響を及ぼす指標

お前ら、こんな言葉を聞いたことないか？　失業率、景気動向指数、原油価格、GDP成長率、財政収支、新設住宅着工戸数、有効求人倍率、半導体集積回路生産額、消費者物価指数……。

先生、ストップです。意味不明です。

（先生の腕の筋肉、ス・テ・キ♥）

（あかん、こいつ……）

これらの数値は、発表されるやいなや市場に影響を及ぼすものだ。

たとえば**新設住宅着工戸数**。これは文字通り、新しく建設し始めた住宅の数を表したものだ。この数値が大きければ、消費者には家という大きな買い物をするほどの余裕があるのだから、家計にお金があると判断される。また、家という大きな買い物に伴い、相当額のお金が建設会社などに流れてくることになるし、建設会社はたくさんのお金が入ることで、設備投資や従業員の給与を増やす。

こうした一連の流れから経済状況がよくなると判断されるので、この数値は大きければ大きいほど市場に好影響を与え、株価を押し上げることになる。

……な、なるほど。１つの指標で、そこまで判断できるんですね。

◎株式投資とは心理戦!!

半導体集積回路生産額はわかりやすいだろ。半導体の生産額が増えてるってことは……。

半導体業界とか、コンピュータ、電機関連の会社に好業績が期待できる。したがって、そういう業界の株価は上がるということですね。

新聞にもそんな指標が載っていたわ。

そうだ。インターネットや新聞、テレビを見ていれば、こういう数値を目にする。ただし、数値がいいから無条件に株価が上がるとは思うなよ。株価は**市場心理**に左右される。

たとえば、市場参加者がGDP成長率を5％くらいと予想していたなら、株価にはそれが反映されていて、すでにある程度上がっている。そこで、実際に数値が10％アップと発表されると、より市場心理がよくなり、さらに株価は上がる。逆に1％アップと発表されると、予想以下ということで失望した投資家が株を売り、株価が下がることもある。

（きゃ♪　先生とお話ししちゃった♪）

こういった数値について役に立つものを一覧表にした（左ページ）。ぼろぼろになるまで勉強しろ。筋肉はとことんいじめてやらねば喜ばん！　それと同じだ。頭もとことんいじめてやれ！

経済指標の発表日は、インターネットで調べたらすぐわかるぞ。「経済指標・カレンダー」をキーワードにして検索してみろ！　新聞を読むのが楽しくなるぞ！　がはがは!!

23 株式市場に影響を与える経済指標

	内容	株価への影響	重要度
機械受注実績	機械メーカーがどれだけ注文を受けたか。	設備投資にお金を回すほど会社に余裕があるということ。設備投資により生産効率が改善するので、経済にとってプラス。	◎
鉱工業生産指数	鉱業・製造業に従事する会社がどれだけ製品をつくったか。	数値が高いほどそれだけ需要があるということで、市場期待は大きくなる。	◎
日銀短観	経営者に景況感に関するアンケートを行い、業況が「いい」と判断している経営者と「悪い」と判断している経営者の比率を示す。	会社の生産活動は経営者の考えによって動くものだから、経営者が現状をどうとらえているかは今後の日本経済の方向性を見定めるうえで重要。経営者マインドを見るには格好のデータ。	○
実質経済成長率	日本の実質 GDP（国内総生産）の成長率を示す（つまり経済規模の変化）。	経済規模が大きくなるということは、それだけ利益を生み出す会社が増えるということ。	○
消費者物価指数	基準時と比べて、物価がどれくらい変化しているか（前年度を 100 とする）。	この数値が高すぎたり、低すぎたりするのはよくない。デフレでは低く、インフレでは高くなる。	○
完全失業率	働きたいのに働けない人がどれだけいるか。	高いと会社は人を雇う余裕がないということなので、数値は低いほうがいい。	○
マネーストック	金融機関から民間に供給されているお金の総量。	金融機関が積極的に貸出しを行うと、マネーストックが増加し、一般的には景気がよくなる。	○

ポイント **新聞・インターネットで経済指標の予想と実績をチェックしよう**

24 金利と株価は表裏一体――政策金利でどう動く？

――短期金融市場の金利は株価にどう影響するか

次は**金利**だ。これは余裕だな♪

◎政策金利とは短期金融市場の金利

ここでいう金利とは**国債の利率**と**政策金利**のことだ。というのも、銀行の金利など、金利と名のつくものは、国債の利率や政策金利から派生するものだからだ。

先生、政策金利ってなんですか？

政策金利とは、中央銀行（日本では日本銀行）が、物価や景気をコントロールするときに用いる金利のことだ。過去には公定歩合といって、中央銀行から銀行に対してお金を貸し出すときの金利を指したが、現在では銀行がお互いに資金を貸し借りし合うときに用いる**短期金融市場の金利**のことをいうぞ。

具体的にどう金利を動かすんですか？

ずばり、日銀は銀行が持っているお金の量を調節して短期金利を上下させているんだ。

なるほど。銀行も資金量が増えれば、お互いお金のやり取りがしやすくなるんやな。借りたい銀行は少しでも低い金利でお金を貸してくれる銀行を探せばええし、貸したい銀行も貸さなきゃ損やってことで金利を下げる。

そういうことだ。こうして銀行同士の短期金利が下がれば、銀行は低金利でより多くのお金を調達できるから、銀行から事業会社への貸出金利も下がるというわけだ。

銀行から低い金利でお金を借りられるようになると、どうなるんですか？

金利が下がると、会社は借りたお金を返すときの負担が減るから借りやすくなる。それによって、会社は新たなビジネスや設備投資への意欲が増し、経済が活性化するわけだ。

要するに、日銀が政策金利の引下げを発表すると、経済が活性化するのではとの期待が生まれ、株価も上がることが多いということだ。

なるほど。**ゼロ金利**といって、ほぼゼロに近い低水準に抑えられているのは、そういう狙いがあったのですね。

そうだ！

◎金利上昇もバブル崩壊の一因

バブルにも金利が関わっていたのだぞ。金利の引下げにより大量のお金が市場に出回ったため、会社も個人も、より有利な運用先を求めて株の買付に向かった。そのため、株価が実体経済とかけ離れて泡のように膨らみ、全体的に急激な上昇に転じたのだ。

すると、バブル崩壊のときには金利が上げられたんですか？

株価が実体経済を反映していないことが市場に理解されだしたこともあるが、金利が上昇したことも理由の1つだ。金利上昇によって株式市場から大量のお金が引き揚げられ、バブル時代に大量の株が発行されていたことから、供給が需要を大きく上回って株価は大きく下落。そしてバブルは崩壊した。

24 政策金利と株価の関係

ポイント

政策金利と株価はシーソーのような関係。
政策金利が下がると株価は上がり、
政策金利が上がると株価が下がる傾向にある

25

金利と株価は表裏一体――国債の金利でどう動く？

――株式市場と国債市場とは相反する関係

次に**国債の金利**だ。**国債の金利が上がるのと、国債の価格が下がることがイコール**なのはわかるか？

う～ん。わかりませぇ～ん。えへ♪

例を挙げて考えたらわかるで。償還期限1年の国債が2015年4月に額面100円、利率年5％で発行されたとする。仮に市場の金利が年8％に上昇した場合、年5％の利率しかない国債の魅力は薄れるよな。それでも売るためには価格を下げるしかない。結果、金利が上がると国債価格は下がるんや。

遊太、やるな！　……って、サイトの説明を丸読みしただけじゃないか！

◎国債の金利が下がると株価は上がる

さて本題だ。国債は安定資産であり、不況のときは株の値上がりが期待できないので、安定を求めて国債が買われる。その勢いが続くと、国債の値段が上がり、金利は下がる。

金利が下がると会社はお金を借りやすくなるため、設備投資が上向き、生産活動が活発になって景気がよくなりだす。すると、株価が上昇し、運用益が出やすくなるので、あまり国債は買われずにその分の資金は株式市場に流れてくる。

つまり、**株式市場と国債市場とは相反する関係**にある。**株式投資をするときは、国債の金利にも気を配っておく必要がある**のだ。

ということは、国が国債を乱発すると、その分株式市場のお金を吸い上げてしまうことになりますよね。これはいけませんね。

かといって、国債がまったく買われずに株式市場にばかりお金がいくと、政府予算が成り立たなくなる……。

結局、公共事業なんかで市場にお金をばらまいても、国債を乱発してお金を吸い上げたらあかんのやな。その国債やけど、銀行がたくさん持っとるって聞いたことあるで。

そうだ。そこにまた問題があるのだ。

◎国債価格が下がると銀行が困る

さっき、国債の価格が下がればその分資金が株式市場に流入し、株式市場はよくなると話したな。

しかし、たくさん国債を持っている銀行にとっては資産が減ることになる。それが懸念材料になって銀行の株価が下がる。銀行の資産が減るとどうなるかわかるか？

貸し渋りとかするんちゃうの？

冴《さ》えてるな！　自分の資産が減ってるのに、他人にお金を貸すのかという話だ。お前らも、自分の小遣いが残り1000円のとき他人にお金を貸すか？　それと同じだ。株の勉強をすれば、いろんなことが見えてくるだろ。ぬははは！

25 国債の金利と株価の関係

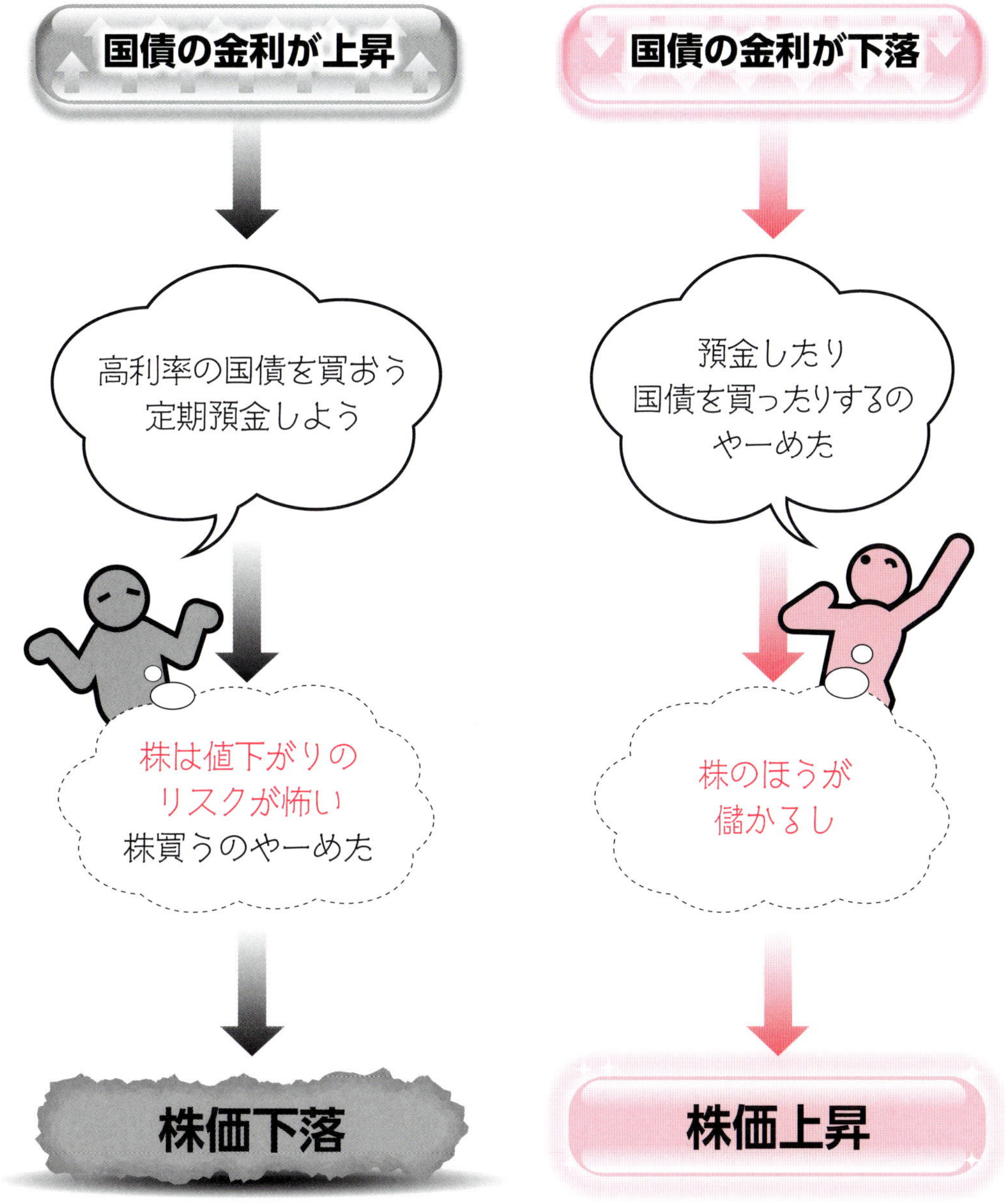

ポイント
株式投資では、株式市場だけでなく、国債市場、政策金利も注意して見ておく

26

為替に左右される輸出業界・輸入業界

——円安は輸出業界にプラス、円高は輸入業界にプラス

最近、私ニューヨークに行ってきたのよ。海外旅行で面倒くさいのって両替よね。世界中で円で買い物ができるようになればいいのに。

そこにも株式投資のヒントがある!

◎円安で上がる株、円高で上がる株

例を出してみよう。ニューヨークで買い物をするため、手元にある1万円をドルに両替する。**為替レート**が1ドル＝100円なら、100ドルになる。

一方、為替レートが1ドル＝200円となった場合には50ドルになる。

ということは、同じ金額の円で、1ドル＝100円のときのほうがより多くのドルを取得できる。逆に1ドル＝200円のときはより少ないドルしか受け取ることができない。

ちなみに、前者を**円高・ドル安**、後者を**円安・ドル高**と呼ぶ。

「円高・ドル安」ってよく聞きますよね。それが株式市場に関係あるんですか?

日本の会社がアメリカから原料を調達することを考えてみろ。

あ、そうか。円高のほうが、同じ金額の円でも、たくさんの量の原料を買えるのね。

円安なら原料調達費用が割高になる。

そういうことだ。では、逆にアメリカに物を売る場合はどうだ? 日本で100万円で売っている自動車を考えてみろ。

1ドル＝100円なら、そのまま1万ドルで売ればええけど……。

1ドル＝200円と、円安にふれたら?

アメリカで5000ドルで売るのと、日本で100万円で売るのとが、会社側には同じ意味を持ちますね。

会社側の利益額は同じなのに、アメリカの人たちが買う値段は半分。同じ商品で値段が半分になったら、さらに売れるわね。

アメリカでも日本と同じ値段で売れるなら、利益額は2倍になりますしね。

「**円安なら輸出業界がハッピー♪　円高なら輸入業界がハッピー♪**」やな。

◎急激な変動は株価に悪影響を及ぼす

だいぶわかってきたな。円安なら輸出業界、つまり電機産業や自動車産業などの利益が増えると予測できる。すると、その株価は上がる。しかし輸入業界、つまり電力、ガス、食品、パルプ産業などは利益が減ると予測できるので株価は下がる。円高のときはその逆だ。

しかし、為替がどちらに動くにしろ、あまりに急激な変動が起きると、輸出業界・輸入業界の一方にかなりの負担が生じ、結局のところ株価全体に悪影響を及ぼすのだ。

だから、急激な為替変動が起こらないように、政府・日銀が為替市場に介入することもある。こういう政策にも注意せねばならんのだ!

先生の説明、わかりやすいです♥

ぬははは! そうか! はははは!

26 為替と株価の関係

〈1ドル100円なら〉

（輸出）
定価1万ドルの車を売る → 輸出売上100万円

（輸入）
1万ドル分の原料を調達 → 輸入原価100万円

〈1ドル50円の円高なら〉

（輸出）
定価1万ドルの車を売る → 輸出売上50万円
1ドル=100円比
50万円の損

（輸入）
1万ドル分の原料を調達 → 輸入原価50万円
1ドル=100円比
50万円お得

輸出業界の株価 ×　輸入業界の株価 ○

〈1ドル200円の円安なら〉

（輸出）
定価1万ドルの車を売る → 輸出売上200万円
1ドル=100円比
100万円の得

（輸入）
1万ドル分の原料を調達 → 輸入原価200万円
1ドル=100円比
100万円の損

輸出業界の株価 ○　輸入業界の株価 ×

ポイント
輸出業界にとって、円高は×、円安は○
輸入業界にとって、円高は○、円安は ×

27

政治・国際情勢も要チェック

——経済政策、政局、革命、戦争などが株価を動かす

むむ、俺の筋肉が筋トレを望んでいる。残りは簡単だし、簡潔にいくぞ。

えっ。めっちゃ適当やん……。

◎小さなニュースも株価を動かす

まずは**政治**だ。景気刺激策などの経済政策は政府が決定するのだから、どの政党が政権を握るか、誰がどういう省庁のトップになるかなどの政治動向も、株価に影響する。**公共事業**をどうするかというのは、とくに建設業界にとっては大問題だしな。

金融政策を司る日銀総裁の人事も大きな影響を与えるなぁ。

それと、政権争いや政界スキャンダルなどによる**政治の混乱**も、経済政策の実施の遅れを引き起こしたり、不安心理をあおったりするので、株価にはマイナスの影響を及ぼす。

そういえば、政治献金問題による政治家の失脚もよく耳にするわ。

次は**国際情勢**だ。世界各地で起こっている**戦争や感染症**も、株式市場に影響を与える。中東情勢が不安定になると原油を材料としている石油製品メーカーの株価は下がるし、新型インフルエンザ懸念ではマスクをつくっている会社の株が上がった。

これだけビジネスがグローバルになってきている現在、国外の出来事によって会社業績が影響を受けたり、戦争などによって不安が高まると、株式市場からお金が逃げ出したりもする。

株式市場って、あらゆるものを織り込んだものなんですね。どんなに小さなニュースでも影響があるように思えてきます。

勤、その通りだ！　新聞のはしっこに書かれている小さなニュースでも、業績に大きく影響を与えるものだったりする。それがわかるようになってくると、株式投資はより楽しくなるし、儲けも出るぞ！　ぐわっはっはっは!!

（その豪快な笑い方もス・テ・キ♥）

俺の授業はこんなところだ。金七先生や紀香先生の授業と合わせれば、株式投資の基礎はバッチリだ。あとは実践あるのみ！　さあ、筋トレだ！

……。

先生、携帯の番号教えてくださ～い♥

（あかんわ、こりゃ……）

（僕も紀香先生に聞いとけばよかった）

《宿題　情報の集め方》

講義も終わり、遊太・勤・彩はそれぞれ帰路につき、テレビでも見ようかと思ったそのとき、「郵便でぇす！」。差出人には「株レラ」と書いてある。封筒をあけて読むと……。

「株式投資に欠かせない**情報収集の実践方法**を教えるぞ！　量が少なくて残念だが、これを読んで明日の昼までに俺のところにレポートを書いて持って来い。俺はトレーニングルームで待っているぞ。がはははは!!」

（……絶句）

27 株価に影響を与える政治動向や国際情勢

ポイント
政治動向は「政権交代」「経済政策」に注目。
国際情勢は「戦争」「感染症」などに注意

28

日経新聞の読み方

──「何があった」から「だからどうなるか」を考える

では、ひとつずつ見ていこう。

まずは、日本経済新聞（以下、日経新聞）の読み方だ。

日経新聞は日本で一番よく読まれている経済新聞で、ビジネスパーソンが情報を集める際の基本ツールだ。

日経新聞を読むことで、Ｌｅｓｓｏｎ２とＬｅｓｓｏｎ３で扱ってきた各種ニュースを知ることができる。

株レラポイント！

「何があったか」という事実から、「だからどうなるか」という見通しを立てよう。そして、その見通しが本当に起こりうるか、各種データと照合してみよう。

世間の予測と、自分の見通しが異なるとき、そこに株式投資のヒントが隠されているのだ！

日経新聞の紙面構成

紙面	内容	重要度
1面（見出し）	その日のもっとも重要なニュースを扱う。必ず読むべし。	◎
1面左下	前日の日経平均・円相場・長期金利などのおもな指標を簡単に紹介。要チェック。	◎
総合	ジャンルを問わず、その日の重要なニュースを一覧できる。	○
きょうのことば	重要な経済用語や最新の技術用語など、経済を読み解くのに必要な言葉を解説。	○
政治	おもに日本国内に影響を与える政治の動きを扱う。	○
経済	おもにマクロ経済に関する動きを扱う。	○
国際	国際的なニュースや政治情勢を経済的な切り口から扱う。	○
アジアBiz	日本にとってますます重要性を増しているアジア経済に関して扱う。	○
企業総合	企業情報で重要なものを扱う。	◎
企業	企業の提携・合併や新商品・新技術などを扱う。	○
投資情報	企業の決算や資本政策、またその見通しなどを扱う。	○
マーケット総合	1面の各指標を詳しく説明する。株式市場全体の動きや、目立った動きをした銘柄を扱う。詳しい指標欄もここ。	◎
大機小機	マーケット総合面のコラム。経済に関するさまざまな視野が養える。	○
証券	前日の各証券取引所における全銘柄の値動きを示したもの。	◎
マーケット商品	国内・海外市場での石油や天然ゴムをはじめとする各商品の値動きを示したもの。	◎
経済教室	専門家・学者が経済問題の解説や提言を行う。	○

28 証券面の見方

日経新聞の証券面

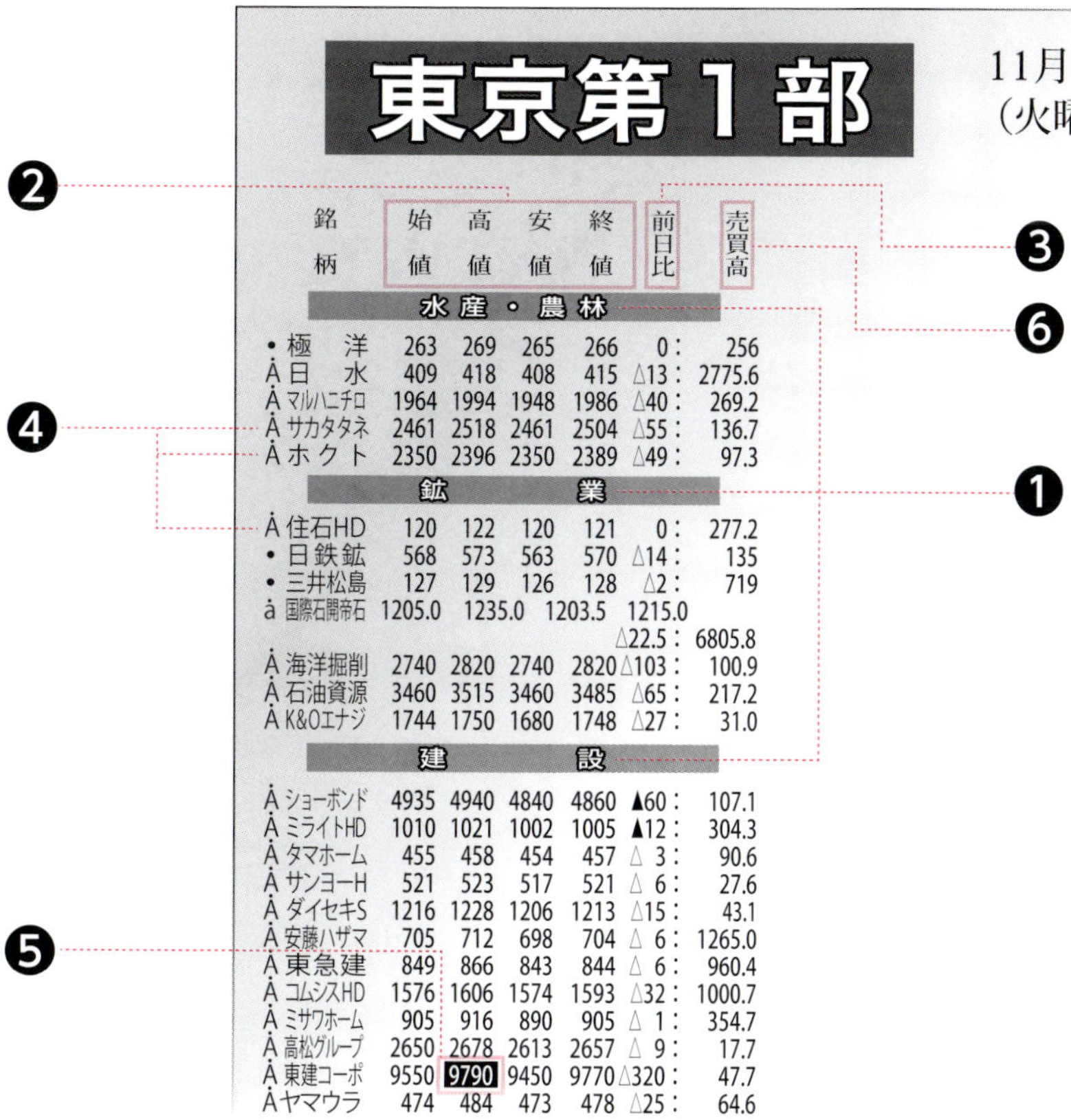

東京第１部

11月17日（火曜日）

銘柄	始値	高値	安値	終値	前日比	売買高
水産・農林						
•極　洋	263	269	265	266	0：	256
Ȧ日　水	409	418	408	415	△13：	2775.6
Ȧマルハニチロ	1964	1994	1948	1986	△40：	269.2
Ȧサカタタネ	2461	2518	2461	2504	△55：	136.7
Ȧホクト	2350	2396	2350	2389	△49：	97.3
鉱業						
Ȧ住石HD	120	122	120	121	0：	277.2
•日鉄鉱	568	573	563	570	△14：	135
•三井松島	127	129	126	128	△2：	719
ȧ国際石開帝石	1205.0	1235.0	1203.5	1215.0	△22.5：	6805.8
Ȧ海洋掘削	2740	2820	2740	2820	△103：	100.9
Ȧ石油資源	3460	3515	3460	3485	△65：	217.2
ȦK&Oエナジ	1744	1750	1680	1748	△27：	31.0
建設						
Ȧショーボンド	4935	4940	4840	4860	▲60：	107.1
ȦミライトHD	1010	1021	1002	1005	▲12：	304.3
Ȧタマホーム	455	458	454	457	△ 3：	90.6
ȦサンヨーH	521	523	517	521	△ 6：	27.6
ȦダイセキS	1216	1228	1206	1213	△15：	43.1
Ȧ安藤ハザマ	705	712	698	704	△ 6：	1265.0
Ȧ東急建	849	866	843	844	△ 6：	960.4
ȦコムシスHD	1576	1606	1574	1593	△32：	1000.7
Ȧミサワホーム	905	916	890	905	△ 1：	354.7
Ȧ高松グループ	2650	2678	2613	2657	△ 9：	17.7
Ȧ東建コーポ	9550	9790	9450	9770	△320：	47.7
Ȧヤマウラ	474	484	473	478	△25：	64.6

❶各種業界名。

❷前日の始値、高値、安値、終値。「－」は取引がなかったことを示す。

❸前日の終値と前々日の終値を比べたもの。△だと株価は上昇しており、▲だと下落している。

❹売買単位を示す。
A、a=100株　B=1株　C=10株　D=50株　E=500株
無印、k=1,000株　・=貸借銘柄

❺**年初来高値**（その年で１番高い値）、**年初来安値**（その年で１番安い値）を示す。

❻前日の売買高。

ポイント
世間の予測と自分の見通しが異なるとき、そこに投資のヒントが隠されている

29

業界展望・業界動向のつかみ方

――キーワードは海外進出・業界再編・新技術の3つ

各業界にはそれぞれ特徴がある。それぞれの特徴をつかむことで、どんなニュースで株価がどう動くかを予想することができる。

株レラポイント！

業界を見る際のキーワードは海外進出・業界再編・新技術の3つ！

①少子化で長期的には消費が落ち込む国内市場から、いかに海外進出するか。

②国際競争に打ち勝つために、国内の会社が協力して収益基盤を築けるか。

③従来の技術に満足せず、新技術を開発して独自の商品を生み出せるか。

将来的に日本の会社が発展するためには、以上のことがカギになるのだ！

29 業界の特徴と動向

業界名	特徴と動向
水産・農林業	政府による漁獲量制限や各種法規制、補助金制度などが大きな影響力をもつ。とくに農業は農地制度改正により農地を借りやすくなったことを受け、企業の新規参入が増加。外に目を向けるとTPP（環太平洋経済連携協定）による競争力強化が大きなテーマ。
鉱業	採掘活動をするための権益確保が必須。採掘して取り出したものがいくらで売れるかの商売であるため、市場価格が上がれば増益が見込める。海外事業の占める割合が高いため、為替の影響も受けやすい。
建設業	東京オリンピック、リニア中央新幹線など、中長期的な需要は多いが、現場人員の確保や円安による資材費高騰など利益圧迫要因も散見される。
食料品	消費者嗜好の多様化により、ヒット商品を生み出す商品開発力がカギ。また、健康志向の高まりにより「食の安全」に対して消費者は敏感に反応するため、不祥事を起こすと当然株価は下がる。
繊維製品	世界的な素材不況で厳しい一方、航空機用炭素繊維の回復基調なども見られる。繊維技術を用いた処理膜の水ビジネスへの応用など、既存事業の強みを活かした多角化が求められる。
パルプ・紙	企業向けチラシなどの需要が落ち込み国内市場が縮小していくなか、業界再編の動きが見られる。輸出や海外展開の成否が焦点。

業界名	特徴と動向
化学	石油化学部門は中国や中東で大型プラントが稼働を開始するなど、海外企業との競争が激化。そのため、国内ではプラントの統合など、生き残りのための調整が続く。製造のコストダウンなど競争力向上に関連するニュースは株価にプラス要素。
医薬品	株価が比較的安定している業界（景気の良し悪しにかかわらず、人は病気になるため売上げが安定）。後発型（ジェネリック）医薬品市場も新規参入が多い。注目すべきは新薬開発や薬価改定のニュース。資金の余った会社によるベンチャーのM&Aも目立つ。
石油・石炭製品	原料である原油の市況に左右される。原油価格はOPEC（石油輸出国機構）の生産体制の変化や、産油国の情勢不安などに影響を受ける。原油価格先物には大きく分けて３種類（WTI、北海ブレンド、中東産原油）あるが、日本では輸入量が多い中東ドバイ産を指標として使っている。再生可能エネルギーなど非石油系部門の新規分野開拓を急ぎ、他業種との提携などにも動き出している。
ゴム製品	原材料費は天然ゴム価格や原油価格に影響される。製品の差別化が難しいうえに国際競争が激しく、コスト競争力が重要となってくる。
ガラス・土石製品	国内板ガラス販売は建設需要の盛り上がりで回復途上にある。液晶用ガラス基板の販売はスマートフォンの拡販により好調。将来的に市場が成長する新興国向けに販売を拡大。
鉄鋼	海外の資源大手による川上の寡占が続いている。建築用途は中国勢による過剰生産により市況が変動しやすい。一方、自動車用途などの高付加価値品では技術力を活かした日本勢の優位が続く。
非鉄金属	鉱石を安定調達するため、鉱山開発などの権益獲得に意欲をみせている。品位の低い鉱石でも製錬できる技術力を強みにしている企業が多く、投資する際にはその会社が扱う素材の市場価格とともに押さえておこう。
機械	機械受注数は景気を如実に表す。景気動向の先行指数であり要チェック。月次の受注数を発表している企業もあり、踏み込んだ業績分析ができる場合もある。
電気機器	不採算事業からの撤退が進む。背景には日本企業の低い利益率やアジア勢の猛追がある。車載用電子機器などでの事業機会拡大を狙う。

29 業界の特徴と動向

業界名	特徴と動向
輸送用機器	自動車は輸出産業のため、為替が業績に大きく影響する。1台の車をつくるのに多くの部品が必要になるため、サプライチェーンが多岐にわたり、一見関係のないようなニュースが製造に影響することも。子会社、関連会社もある程度押さえたい。EV事業における米国・欧州勢を巻き込んだ競争も加速。業務提携や合弁を含め、業界再編が進む。
精密機器	半導体集積回路生産額や受注動向の指標に注目（日本半導体製造装置協会のHP参照）。米インテルのみならず、韓国・台湾勢の猛追を受け日本勢の市場占有率は縮小。大容量SSDなどの新技術開発のニュースは株価にプラスの影響。
ゲーム	発売したゲームが売れるかどうかにかかっている。ある程度売れるシリーズものをもつ会社は強い。スマートフォン向けのゲーム市場も成熟し、家庭用ゲーム機市場と同等の規模となった。
電気・ガス業	業績・株価安定業界の１つ（電気やガスは好景気でも不景気でも同じくらい使用するため）。ただし、電力会社が所有する発電所で事故などの不祥事が起これば、株価は当然下落する。国の電力自由化方針により、地域や業界を超えた競争が本格化している。
陸運業	貨物輸送量は景気に左右されやすく、国内外ともに荷動きは停滞傾向。アジアを中心とした海外進出や再編などの将来を見据えた動きが始まっている。また、鉄道はインフラ輸出の要《かなめ》として注目されている。
海運業	バラ積み船運賃の総合指数であるバルチック海運指数に注目。需要に大きく左右されるため、各社の得意とする航路の動向をチェックしよう。不採算航路からの撤退の動きも見られる。
空運業	羽田空港の国際空港化が進み、アジアの窓口としての立ち位置が改善している。格安航空会社（LCC）の普及やビザの発給緩和による海外旅行客の拡大の恩恵を受ける。
インターネット・通信会社	固定ブロードバンド通信は光ファイバー通信が定着。スマートフォンやタブレット端末の普及により、高速無線のモバイルブロードバンド通信も需要が増加。また、クラウドコンピューティングが消費者向け・業者向けともに市場拡大中。

業界名	特徴と動向
携帯電話	総務省は１つの端末で１つの通信会社しか使えないように制限する「SIMロック」を解除。MVNO（仮想移動体通信事業者）と呼ばれる事業者の新規参入が相次ぎ、三大キャリアを交えて競争が激化している。
商社	事業が多岐にわたるため、どのニュースが株価に影響するのか判断が難しい。各社の収益基盤となっているセグメントと、今後の事業方針に目を通してからニュースに触れるのがいいだろう。なかでも受注額の大きいプロジェクトのニュースは要チェック。
小売業	個人消費に依存するため、景況感に左右されやすい業界といえる。参入障壁が低い一方、国内全体の需要は頭打ちなので、消費者ニーズをうまく取り込み、コスト削減を進めている会社や海外進出に積極的な会社に注目。
銀行業	国内大手銀行は国内市場縮小をにらんで、海外金融機関の買収や融資以外の収益基盤拡大に積極的。地方銀行は経営統合など再編が進む。
証券・商品先物取引業	手数料がおもな収入であり、資本市場の売買動向に左右される。企業買収アドバイザリー、株式・債券発行引受業務も重要な収益源である。
保険業	資産運用のパフォーマンスは資本市場の動きに左右される。生保、損保ともに海外企業買収による海外進出に積極的。
不動産業	各政令指定都市ではオフィスの空室率低下が続き、賃料上昇による業績改善が見受けられる。REIT（不動産投資信託）は、投資口価格の上昇や政策金利の低下により積極的な物件取得が続いている。
サービス業	多様化している顧客のニーズに対して、どのように自社の強みを活かしたサービスを提供できるかがポイント。新規イベントや新サービスの開始などのニュースは株価にプラス要素。

ポイント

業界を見るときのキーワードは「海外進出」「業界再編」「新技術」の３つ

30 『会社四季報』の読み方

――過去の会社情報から将来を予測する

『会社四季報』は1936年から刊行されている投資家のバイブルだ。東洋経済新報社から、年に4回発行される。日本国内で上場しているすべての会社（約3900社）が対象で、原則として1ページに2社のデータが記載されている。掲載されている会社データは次のとおり。

①業種――すべての会社は33業種のいずれかに属する。

②社名・事業内容・本社住所・仕入先・販売先など。
特色…事業内容・系列関係・業界地位などの特徴。
証券コード…各社に与えられる4桁の番号。
連結事業…部門別売上高の構成比と前期からの変化率。
海外…海外売上の割合。

③業績記事・材料記事
前半部分…事業活動の今後1年間の業績や見通しを解説。
後半部分…中期の展望、または新技術、製品、工場などの最近のトピック。

④業績数字――会社業績の推移。決算期の右に「予」とつくものは予想数値。これは、『会社四季報』編集部の判断によるもので、会社からの発表と異なる場合がある。

⑤前号比矢印・会社比マーク――前号と比較し、『会社四季報』編集部による予想営業利益の増減を矢印で表示。四季報と会社予想の営業利益との間に乖離がある場合は会社比が掲載される。

⑥配当――配当の推移。業績同様、決算期の右に「予」とつくものは予想数値。

⑦株主――上位株主10名の構成とそれぞれの持ち株数および持ち株比率。

⑧役員・連結会社――役員名、おもな連結対象子会社。

⑨財務
株式…発行済株式数、売買単位、時価総額。
財務…各種財務関連の数値。

⑩資本異動・株価・時価総額順位・比較会社
資本異動…新株発行・株式分割などによる発行済株式数の変化。
株価欄…株式公開日以来の株価と、その期間の高値、安値、出来高。
時価総額順位…時価総額の同一業種内順位。
比較会社…事業領域が近い会社を最大3社掲載している。

⑪株価チャート――過去3年程度の株価チャート、出来高および信用取引の状況。

⑫株価指標――PERやPBR、直近の株価。

株レラポイント！

忘れてはいけないのは、これらは過去の情報であって、すでに現在の株価に織り込まれているということ。重要なのは将来だ。過去は将来を予測するための手段にすぎないのだ！

30 『会社四季報』の紙面構成

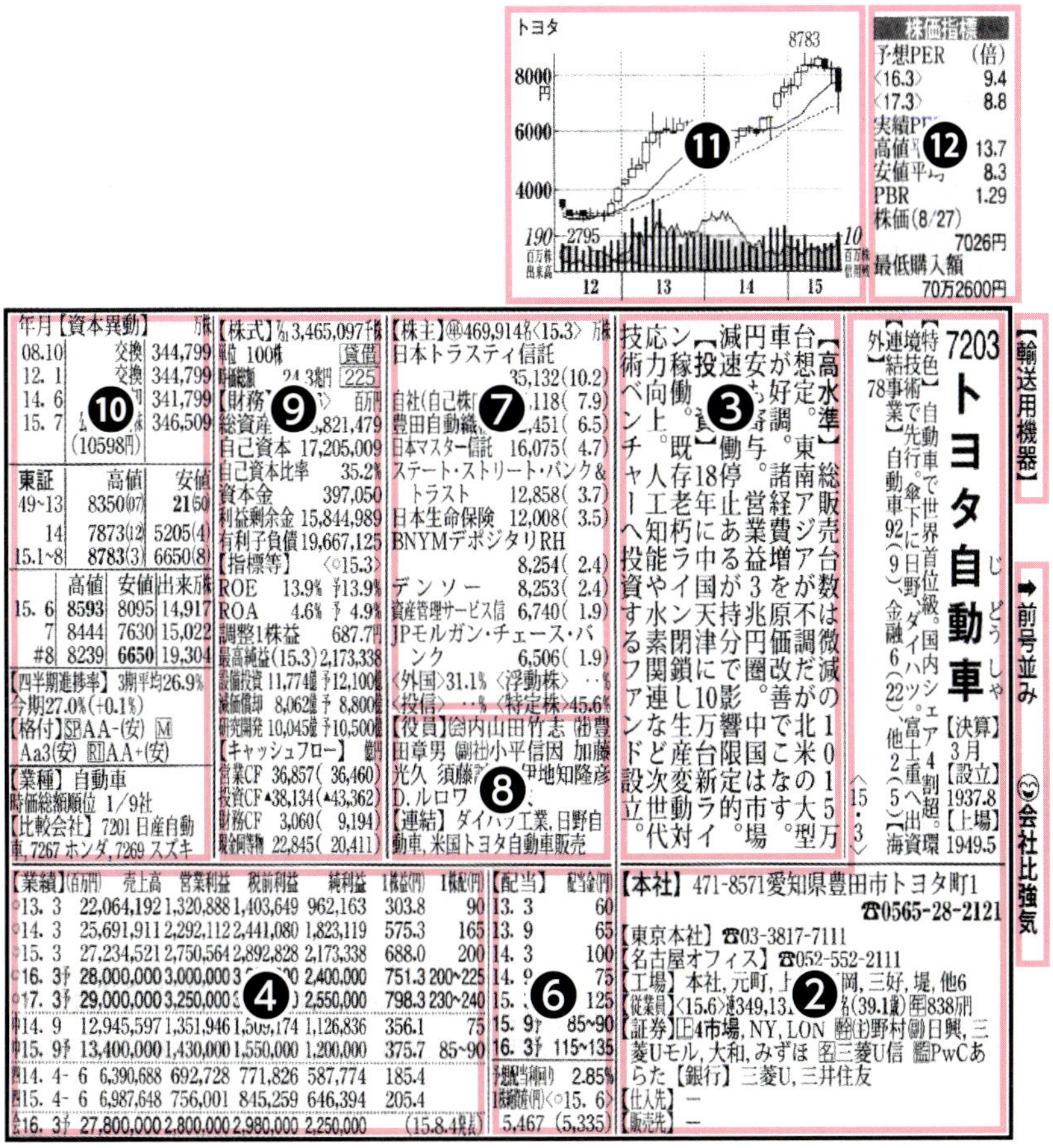

❶業種
❷社名・事業内容・本社住所・仕入先・販売先など
❸業績記事・材料記事
❹業績数字
❺前号比矢印・会社比マーク
❻配当
❼株主
❽役員・連結会社
❾財務
❿資本異動・株価・時価総額順位・比較会社
⓫株価チャート
⓬株価指標

『会社四季報』2015 年 4 集秋号（東洋経済新報社）をもとに作成

ポイント
『会社四季報』は投資家のバイブル。投資候補の会社情報をチェックしよう

31

雑誌・インターネットから情報を得る

——株式投資では「最新の情報」が成否を分ける

経済状況とは常に変化するものであり、株式投資においては「最新の情報」がその成否を分けるといえる。

会社が発表する業績に関する情報はもちろん重要であり、その見方はLesson2で紀香先生が説明したが、それ以外にも株式投資をする際にはさまざまな種類の情報が、第三者から投資家に提供されている。

これらの情報は、より深くその会社を知るために必要であるばかりでなく、会社からの説明責任・情報公開という、市場参加に必要不可欠な要素をチェックする際にも重要なものだ。

◎雑誌

いくつか株式投資関連の新聞・雑誌が存在するが、そのなかでも「日経ヴェリタス」(日本経済新聞社)、「ダイヤモンド・ザイ」(ダイヤモンド社)、「日経マネー」(日経BPマーケティング)の3紙誌がメジャー。値段も500~700円とお手頃だ。

難易度や情報量に多少ばらつきはあるものの、推奨銘柄や投資する際に注目すべき点がプロの投資家たちによって詳しく述べられており、どれも株式投資の助けとなるだろう。

ただし、あくまでも他人の意見なので、自分で判断するための補強材料として活用しよう。

◎インターネット

『会社四季報』や新聞・雑誌などに加え、情報収集のツールとして有用なのがインターネットだ。現在、上場している会社のほとんどが自社ホームページをもっており、パソコンからその会社の多くの情報を収集することが可能だ。

また、株式投資専門のサイトも多数存在し、そこではチャートや証券会社が発行したレポートなど、さまざまな情報を取得できる。

さらに、インターネットはたんに情報を得る手段のみならず、売買を行うツールとしても発展してきた。

従来は証券会社の窓口に出向いて口座開設の手続きをし、売買のときには証券会社に連絡を取る必要があったが、1998年以降、インターネットを通じて売買を行うことができるネット証券会社が登場した。

手数料の安さから、個人投資家に広く普及した。今では個人投資家による株式売買の9割以上が、インターネットを介して行われている。

株レラポイント!

情報収集は、株式投資の第一歩。『会社四季報』、新聞、雑誌、インターネットなどを駆使して、ほかの投資家の先をいけ!

31 最新の情報を集めるツール

ポイント **雑誌やインターネットで、プロの投資家たちの推奨銘柄や投資ポイントなどの情報を仕入れよう**

QUIZ!

クイズで身につく株式投資力 ②

為替と株の関係

デジカメや複写機の製造を主力事業にしているチャノンの株を買いました。チャノンは国際優良銘柄として知られ、いくつかの製品は世界トップシェアを誇っています。

チャノンのような海外に製品を輸出して大きな利益を出している輸出関連会社は、とくに為替に注意しなくてはいけないと本に書いてあったので、為替相場に関する記事をたくさん読みました。現在のレートは 1 ドル＝ 115 円なのですが、アメリカ経済の失速で円が強くなり、1 ドル＝ 105 円まで円高が進みそうだとの見方が大半を占めています。

円高・ドル安になると、チャノンの業績、ひいては株価にどういった影響を与えるのでしょうか？

①円高・ドル安になると、チャノンの業績が悪くなり、株価は下がる。
②円高・ドル安になると、チャノンの業績が良くなり、株価は上がる。
③円高・ドル安になっても、チャノンの業績には影響がなく、株価は変わらない。

チャノンの海外輸出が、商品の代金として 100 万ドルを受け取る契約になっていたとします。1 ドル＝ 115 円から 1 ドル＝ 105 円まで円高が進んだとすると、1 ドル＝ 115 円だったときは 100 万× 115 ＝ 1 億 1,500 万円もらえたのが、1 ドル＝ 105 円になったときには、100 万× 105 ＝ 1 億 500 万円しか受け取れなくなってしまい、1,000 万円の損失が出てしまいます。よって、チャノンは減益が見込まれ、株価が下がるのです。

取引先としては同じ 100 万ドルを払っているのですが、代金を受け取るほうは、為替レートの変化によるリスクを抱えています。とくに、輸出関連会社については注意が必要でしょう。日本でいえば、自動車・電機関連が輸出関連会社に当たります。

一方、内需中心・輸入関連会社は、為替の動きによる影響が輸出会社と逆になるので、これも併せて注意しておきましょう。たとえば、内需中心会社であれば小売などの会社が、輸入関連会社であれば原油などの原材料を海外から調達する会社が挙げられます。

答　①

Lesson 4

リアルに銘柄選択してみました

Ｌｅｓｓｏｎ３まで読んできた皆さんは、遊太くん、勤くん、彩ちゃんの３人と一緒に、株式投資に必要な知識をひと通り学んできたことになります。すでに個人投資家になるための大きな第一歩を踏み出しているわけです。

そろそろ皆さんの心の中に、大きな疑問が湧き上がっているのではないでしょうか？

「今まで学んできた知識をどうやって使えば〝成功する投資〟に結びつくのだろう？」

Ｌｅｓｓｏｎ４では、そんな皆さんに、投資する銘柄を選ぶためのリアルな思考プロセスを知ってもらいたいと思います。皆さんが投資家として実際に銘柄を選ぶことになるのです。

株式投資についていろいろと学んできた遊太くん、勤くん、彩ちゃんの３人は、実際に株を買ってみることにしました。

32 インバウンド需要で伸びる銘柄はどれか？

——「爆買い」で儲かる会社の株に投資する

株式投資についていろいろと学んできた3人は、遊太くんの案内でネタ探しに銀座にやってきました。

◎外国人観光客が年々増えている

ふう、やっぱ銀座の空気はええなあ。

遊太くん、見た目と違って渋い選択ですね。てっきり渋谷か原宿に繰り出すもんだと思ってました。

それにしても、すごい数の人ね。

あれ見てください、たくさん紙袋を抱えた外国人観光客が観光バスに乗り込んでいきますよ。

これぞまさしく**インバウンド需要**やな。

インバウンド需要？

どういう意味ですか？

インバウンド（inbound）は英語で「入ってくる」という意味や。転じて、外国人観光客が自国に入ってくることを指すんやで。

なるほど、たしかに最近街で外国人観光客をよく見かけるようになりましたね。

ニュースでも円安進行で外国人観光客が日本に来やすくなったって言ってたわ。

せやで。2012年に「観光立国推進基本計画」が閣議決定されてから、ビザの発給緩和など、政府も観光客誘致に頑張ってるんや。

そのおかげで、外国人観光客数は年々増えているようですね。日本政府観光局（JNTO）発表資料によると、2012年の836万人から、2013年には1036万人まで24％も増えています（左ページ参照）。

私のお姉ちゃんは航空会社で働いてるんだけど、とくに中国からの観光客が増えているって言ってたわ。2020年には東京オリンピックもあるし、これからも増えそうね。

◎インバウンド関連に投資する

政府は、2020年には2000万人の外国人観光客を目指しとる。2013年からみると倍増やけど、ビザ発給緩和や円安進行の追い風を受ければ案外楽勝かもしれへんで。

そうだ！　せっかくだから、今回はインバウンドをテーマにして、投資先を考えてみることにしませんか？

いいわね！　株レラ先生も、ニュースが株価に影響するって言ってたものね。これからも外国人観光客が増えるなら、関連する会社の業績も伸びそうね。

よっしゃ！　そしたら、インバウンド関連で各自選んで、来週話し合おかー。

では、改めて期間を設定しましょう。

ここでは、**2014年4月に買って、2015年3月に売る**ことにします。自分なりの売りラインを決めておくのは大事ですが、ここでは1年間持ち続け、その結果を92ページで検証することにしましょう。

さあ、80ページからのデータを見てください。遊太くん、勤くん、彩ちゃんの3人がそれぞれ1銘柄ずつ推奨しています。

あなたはどの銘柄を買いますか？

32 インバウンド需要の増加を示すデータ

◉国別の外国人観光客数（2014年、単位:万人）

1	台湾	283	21.1%
2	韓国	276	20.5%
3	中国	241	18.0%
4	香港	93	6.9%
5	米国	89	6.6%
6	タイ	66	4.9%
7	豪州	30	2.3%
8	マレーシア	25	1.9%
9	シンガポール	23	1.7%
10	英国	22	1.6%
	その他	194	14.5%
	合計	1,341	100.0%

台湾、中国系で約5割を占める！

◉外国人観光客数の推移
（単位:万人）

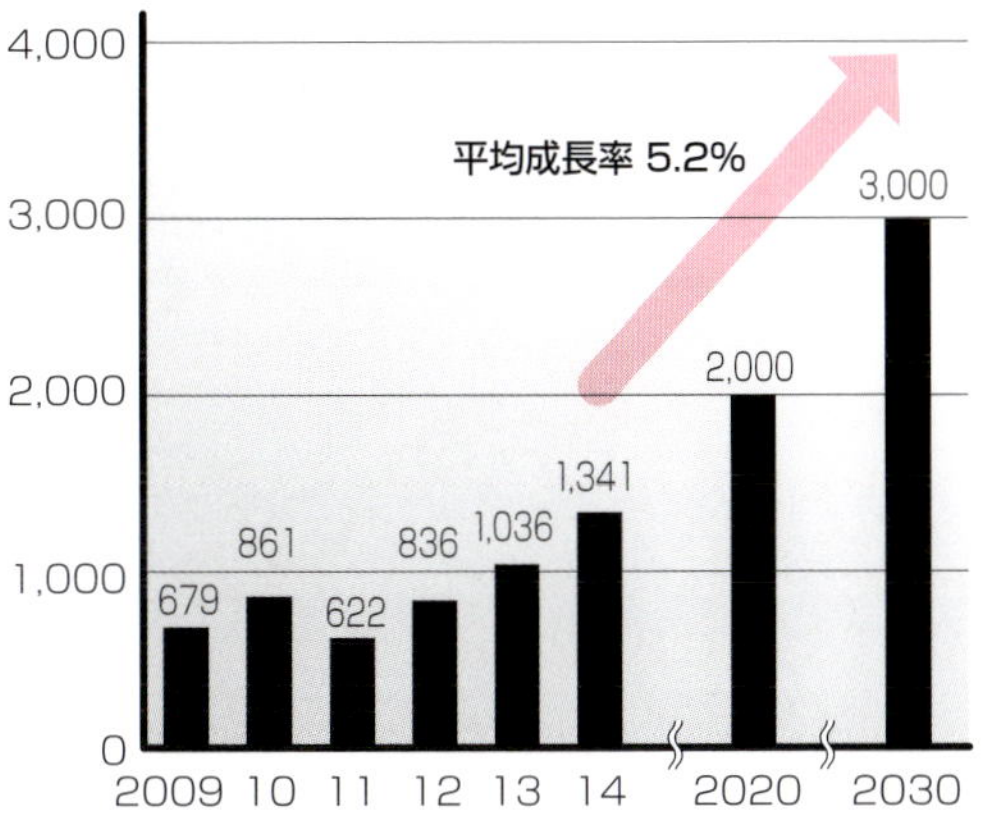

◉外国人旅行者の消費額の推移（単位:億円）

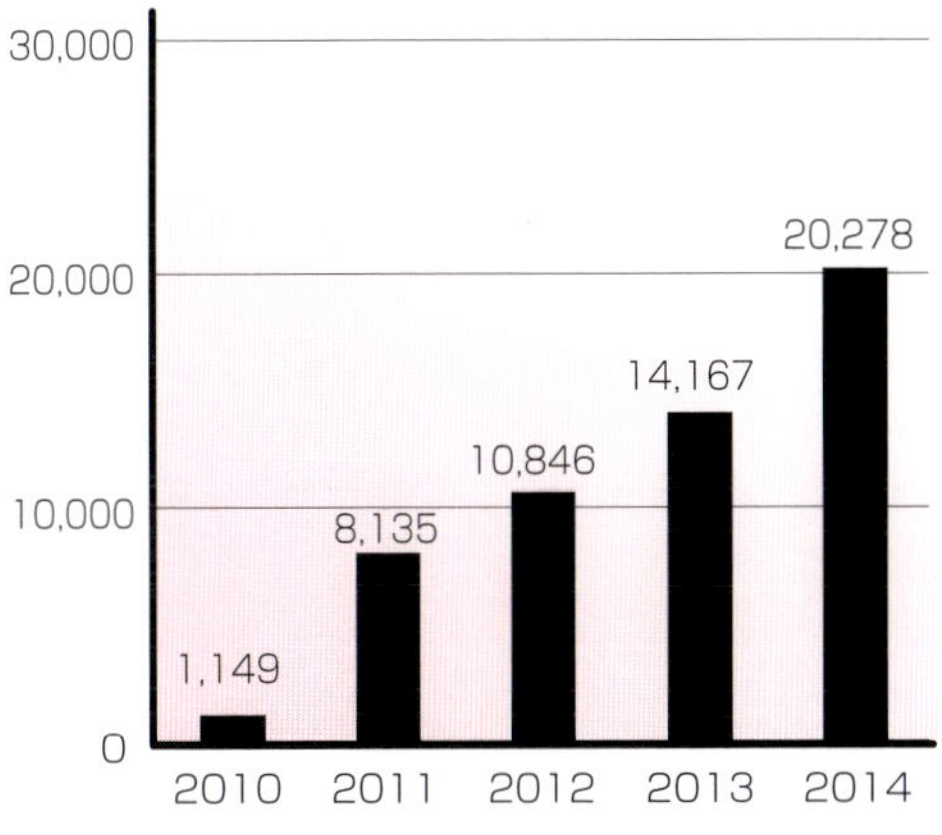

出所：JNTO、日本政府　*2020年、2030年は日本政府目標

ポイント
2012年の秋から円安が進行。観光客数も消費額も毎年大きく伸びており、政府は観光客数の激増を目標としている

遊太  が選んだ 家電量販店業界

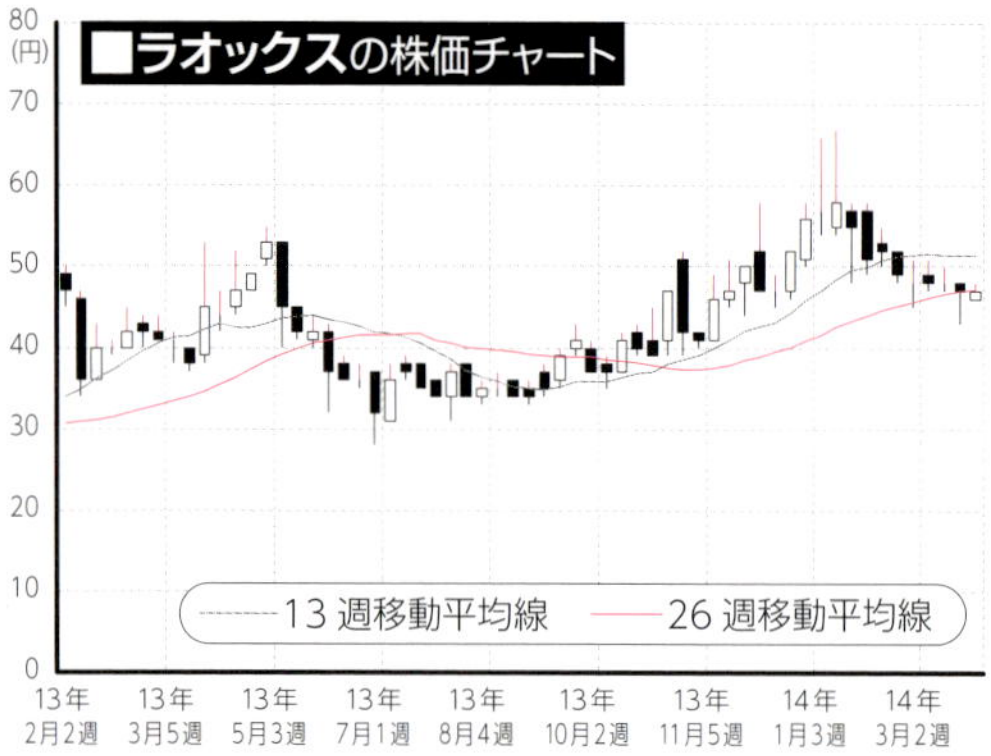

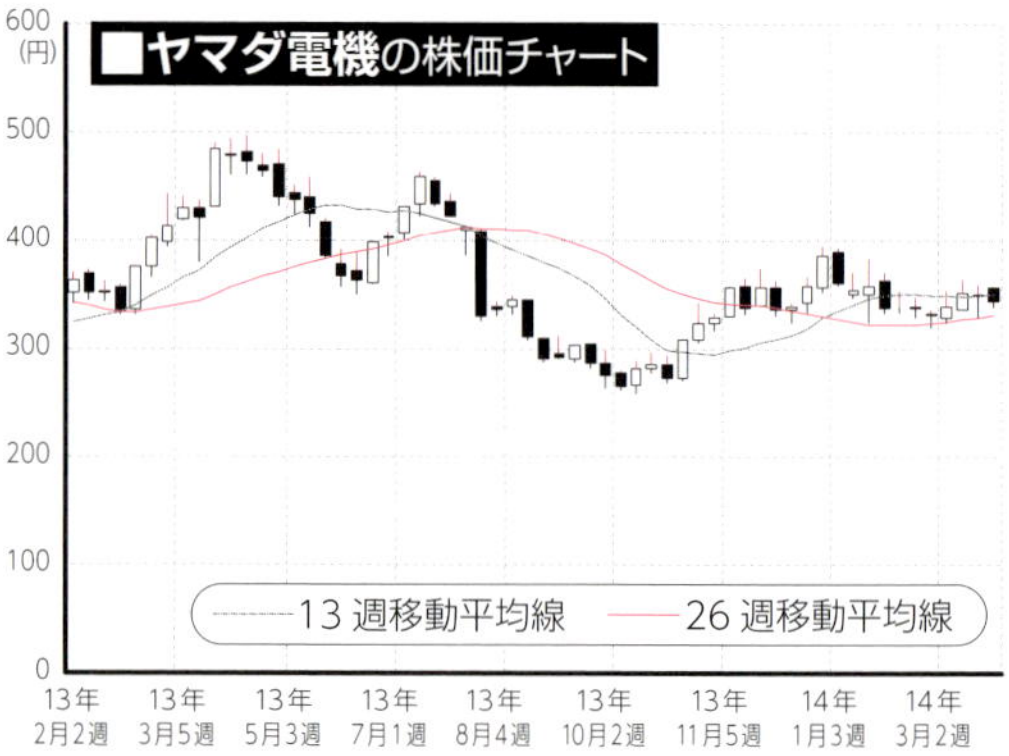

勤  が選んだ 腕時計業界

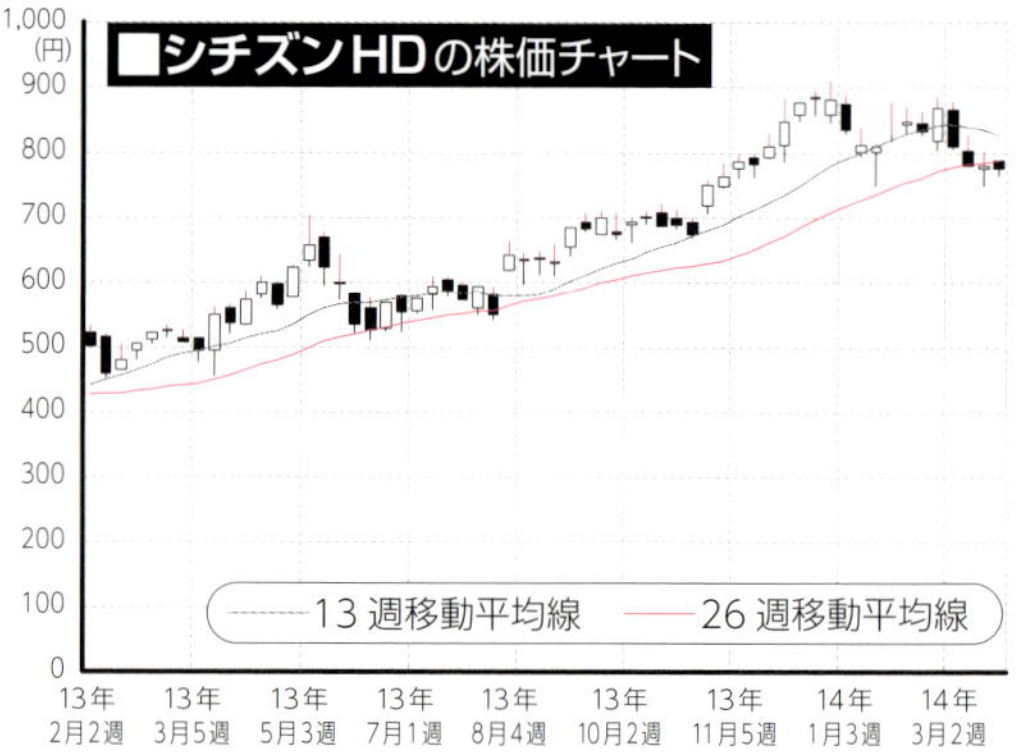

彩  が選んだ 化粧品業界

32 家電量販店業界

ラオックスとヤマダ電機の業績を比較する (*は会社予想数値、N/M=算出不可)

ラオックス (8202)

●損益計算書

(単位:百万円)	2011年12月期	2012年12月期	2013年12月期	2014年12月期(予)*
売上高	10,066	22,948	33,150	44,000
前年比(%)	6.7%	128.0%	44.5%	32.7%
営業利益	-1,283	-1,430	-1,664	275
前年比(%)	N/M	N/M	N/M	N/M
経常利益	-1,259	-1,389	-1,656	255
前年比(%)	N/M	N/M	N/M	N/M
純利益	-1,718	-1,356	-3,245	非開示
前年比(%)	N/M	N/M	N/M	N/M
EPS	-4.6	-2.5	-6.0	非開示
前年比(%)	N/M	N/M	N/M	N/M
1株当たり配当	0.0	0.0	0.0	非開示
前年比(%)	N/M	N/M	N/M	N/M

●貸借対照表

(単位:百万円)	2011年12月期	2012年12月期	2013年12月期	2014年12月期(予)*
総資産	15,787	16,869	15,299	非開示
負債	2,399	4,719	6,119	
純資産	13,388	12,150	9,180	
自己資本比率 (%)	84.8%	72.0%	60.0%	
流動比率(%)	968.7%	308.2%	197.4%	

●指標からの分析

(単位:百万円)	2011年12月期	2012年12月期	2013年12月期	2014年12月期(予)*
PER	N/M	N/M	N/M	N/M
PBR	1.2	1.6	2.9	2.9
ROE(%)	-12.8%	-11.2%	-35.3%	N/M

ヤマダ電機 (9831)

(単位:百万円)	2012年3月期	2013年3月期	2014年3月期	2015年3月期(予)*
売上高	1,835,454	1,701,489	1,893,971	1,813,000
前年比(%)	-14.8%	-7.3%	11.3%	-4.3%
営業利益	88,978	33,930	34,265	42,100
前年比(%)	-27.5%	-61.9%	1.0%	22.9%
経常利益	102,225	47,906	50,187	52,000
前年比(%)	-25.8%	-53.1%	4.8%	3.6%
純利益	58,265	22,203	18,666	24,700
前年比(%)	-17.7%	-61.9%	-15.9%	32.3%
EPS	618.5	235.7	202.1	276.4
前年比(%)	-17.7%	-61.9%	-14.2%	36.8%
1株当たり配当	76	60	60	60
前年比(%)	0.0%	-21.1%	0.0%	0.0%

(単位:百万円)	2012年3月期	2013年3月期	2014年3月期	2015年3月期(予)*
総資産	937,841	1,138,389	1,196,288	非開示
負債	411,098	582,998	642,934	
純資産	526,743	555,391	553,354	
自己資本比率 (%)	55.4%	46.8%	44.2%	
流動比率(%)	131.4%	136.7%	123.1%	

(単位:百万円)	2012年3月期	2013年3月期	2014年3月期	2015年3月期(予)*
PER	8.4	18.2	17.0	12.4
PBR	0.9	0.8	0.6	0.6
ROE(%)	11.2%	4.2%	3.5%	N/M

セイコーHDとシチズンHDの業績を比較する（*は会社予想数値、N/M=算出不可）

セイコーホールディングス（8050）

損益計算書

（単位：百万円）	2012年3月期	2013年3月期	2014年3月期	2015年3月期(予)*
売上高	296,937	283,790	308,286	290,000
前年比（%）	-5.4%	-4.4%	8.6%	-5.9%
営業利益	6,733	5,523	14,014	16,000
前年比（%）	-42.2%	-18.0%	153.7%	14.2%
経常利益	1,280	3,243	10,165	13,000
前年比（%）	-80.6%	153.4%	213.4%	27.9%
純利益	-11,014	5,527	7,422	10,000
前年比（%）	N/M	N/M	34.3%	34.7%
EPS	-60.3	29.4	35.9	48.4
前年比（%）	N/M	N/M	22.1%	34.7%
1株当たり配当	0.0	2.5	5.0	7.5
前年比（%）	N/M	N/M	N/M	50.0%

貸借対照表

（単位：百万円）	2012年3月期	2013年3月期	2014年3月期	2015年3月期(予)*
総資産	386,128	355,308	366,753	非開示
負債	354,163	314,507	301,987	
純資産	31,965	40,801	64,766	
自己資本比率（%）	6.2%	11.1%	17.1%	
流動比率（%）	84.8%	80.5%	95.2%	

指標からの分析

（単位：百万円）	2012年3月期	2013年3月期	2014年3月期	2015年3月期(予)*
PER	N/M	14.3	11.4	8.5
PBR	1.5	2.2	1.4	1.4
ROE(%)	-45.7%	14.2%	11.8%	N/M

シチズンホールディングス（7762）

損益計算書

（単位：百万円）	2012年3月期	2013年3月期	2014年3月期	2015年3月期(予)*
売上高	279,786	272,050	309,994	327,000
前年比（%）	-1.8%	-2.8%	13.9%	5.5%
営業利益	16,528	11,549	23,706	27,000
前年比（%）	1.0%	-30.1%	105.3%	13.9%
経常利益	16,727	13,805	25,307	27,000
前年比（%）	13.0%	-17.5%	83.3%	6.7%
純利益	7,698	-8,855	17,434	16,500
前年比（%）	50.3%	N/M	N/M	-5.4%
EPS	23.8	-27.3	53.8	50.9
前年比（%）	49.4%	N/M	N/M	-5.4%
1株当たり配当	8.0	8.0	13.0	16.0
前年比（%）	14.3%	0.0%	62.5%	23.1%

貸借対照表

（単位：百万円）	2012年3月期	2013年3月期	2014年3月期	2015年3月期(予)*
総資産	338,025	354,670	383,920	非開示
負債	149,172	162,261	166,508	
純資産	188,853	192,409	217,412	
自己資本比率（%）	55.5%	53.3%	55.8%	
流動比率（%）	260.2%	198.8%	316.4%	

指標からの分析

（単位：百万円）	2012年3月期	2013年3月期	2014年3月期	2015年3月期(予)*
PER	22.1	N/M	14.4	15.3
PBR	0.9	0.8	1.2	1.2
ROE(%)	4.1%	-4.7%	8.1%	N/M

32 化粧品業界

コーセーと資生堂の業績を比較する

（*は会社予想数値、N／M=算出不可）

コーセー（4922）

●損益計算書

（単位：百万円）	2012年3月期	2013年3月期	2014年3月期	2015年3月期(予)*
売上高	166,508	170,685	190,049	193,000
前年比(%)	-2.7%	2.5%	11.3%	1.6%
営業利益	11,427	11,864	18,934	19,000
前年比(%)	-17.4%	3.8%	59.6%	0.3%
経常利益	11,783	14,420	21,501	19,300
前年比(%)	-14.0%	22.4%	49.1%	-10.2%
純利益	5,021	6,720	11,132	10,200
前年比(%)	-25.3%	33.8%	65.7%	-8.4%
EPS	86.5	117.2	195.2	178.8
前年比(%)	-25.3%	35.5%	66.5%	-8.4%
1株当たり配当	41.0	48.0	41.0	54.0
前年比(%)	2.5%	17.1%	-14.6%	31.7%

●貸借対照表

（単位：百万円）	2012年3月期	2013年3月期	2014年3月期	2015年3月期(予)*
総資産	169,316	173,014	186,274	非開示
負債	54,449	53,704	53,464	
純資産	114,867	119,310	132,810	
自己資本比率（%）	65.5%	64.8%	67.0%	
流動比率(%)	315.4%	326.8%	327.0%	

●指標からの分析

（単位：百万円）	2012年3月期	2013年3月期	2014年3月期	2015年3月期(予)*
PER	21.7	18.6	17.4	19.0
PBR	1.0	1.1	1.5	1.5
ROE(%)	4.7%	6.0%	8.9%	N/M

資生堂（4911）

（単位：百万円）	2012年3月期	2013年3月期	2014年3月期	2015年3月期(予)*
売上高	682,385	677,727	762,047	780,000
前年比(%)	1.7%	-0.7%	12.4%	2.4%
営業利益	39,135	26,045	49,644	42,000
前年比(%)	-12.0%	-33.4%	90.6%	-15.4%
経常利益	39,442	28,406	51,426	42,000
前年比(%)	-11.3%	-28.0%	81.0%	-18.3%
純利益	14,515	-14,685	26,149	38,000
前年比(%)	13.5%	N/M	N/M	45.3%
EPS	36.5	-36.9	65.7	95.3
前年比(%)	13.5%	N/M	N/M	45.1%
1株当たり配当	50.0	50.0	20.0	20.0
前年比(%)	0.0%	0.0%	-60.0%	0.0%

（単位：百万円）	2012年3月期	2013年3月期	2014年3月期	2015年3月期(予)*
総資産	720,707	715,593	801,346	非開示
負債	416,992	412,440	442,639	
純資産	303,715	303,153	358,707	
自己資本比率（%）	40.3%	40.1%	42.2%	
流動比率(%)	191.4%	177.7%	161.2%	

（単位：百万円）	2012年3月期	2013年3月期	2014年3月期	2015年3月期(予)*
PER	39.1	N/M	27.6	19.0
PBR	1.9	1.8	2.1	2.1
ROE(%)	5.0%	-5.1%	7.7%	N/M

33

〈遊太〉急速な成長が見込める銘柄を選ぶ

——観光客向けの免税店として復活をめざすラオックス

俺が選んだのは家電量販店のラオックスや。2009年に中国の家電量販店「蘇寧《そねい》電器」に買収され、新しく就任した中国人社長の方針で外国人観光客向けの免税店として復活を遂げようとしとる、おもろい会社やで。

◎来客数に比例して売上高が増加

2001年以来、赤字が続いているみたいだけど、大丈夫なのかしら？

会社は2014年度に売上高440億円、営業利益2億7500万円を予想していますね。

俺の予想は売上高660億円、営業利益26億円と大幅超過達成や！

すごい急回復ね。どうしてそうなるの？

主に国内店舗事業の回復が要因や。左ページの図表1に事業別の売上高と利益の構成をまとめたんやけど、営業黒字事業の国内で売上高3・5倍、営業利益で10倍の成長を見込むで。

図表2の月次来客数が大幅に増えています。

2012年秋から13年夏までは、尖閣問題が原因で中国人観光客が激減して大きく落ち込んだんや。その後、ビザの発給緩和も追い風になって回復。14年に入ると、1月に前年比11倍、2月に同6倍、春節シーズンが過ぎた3月も7倍と大きく伸びとる。通年でも4・7倍くらいいくんちゃう？

それはどうやって計算しているの？

今回注目したのは、尖閣問題が発生する前の2012年1～3月に対する2014年の伸び率や。12年1～3月の来客数約4万4000人に対して、14年1～3月は約15万5000人と約3・5倍。これに尖閣問題の影響が含まれない12年1～8月、13年9～12月の来客数を掛けて、14年には約123万人の来客が見込める。

来客数に比例して売上げが増加するということですね。

せや。営業利益は、**限界利益率**という考え方（詳細は左ページ参照）を使って、国内店舗事業で47・1億円を予想するで。営業外損益、特別損益はない前提で法人税率を掛けると、当期純利益15・6億円、1株当たり当期純利益2・9円や。

◎長期的な成長を評価

足元の株価47円に対してPER16・4倍。業界平均PERと一致して、割安感がないように見えますが。

今年分の業績で評価すればな。俺はもっと長期的な成長を評価したい。訪日外国人は2020年までに約2倍に成長する。ラオックスの来客数も同率で成長すれば、売上高1120億円、営業利益86億円、1株当たり当期純利益9・5円も夢やない。成長の確実性が高いほど、株価は先取りするからな。俺の予想は、1株当たり当期純利益9・5円に業界平均PER17倍を掛けた160円や。

33 遊太が銘柄選びに使ったラオックスのデータ

限界利益率は、売上高の増加分に対して、どれだけ利益が増加したかを表す数値よ。本来は「1－変動費 ÷ 売上高」で定義されるけれど、ここでは簡易的な計算方法を紹介するわ。

ラオックスの国内店舗事業の限界利益率は、

$$\text{限界利益率} = \frac{(2013\text{年の営業利益} - 2012\text{年の営業利益})}{(2013\text{年の売上高} - 2012\text{年の売上高})} = 13\%$$

これを使って、2014 年の国内店舗事業の営業利益は、

2014年の営業利益 ＝ 2013年の営業利益 ＋ 限界利益率 ×（2014 年の売上高 – 2013年の売上高）＝47.1 億円

と計算できるのよ。少し難しかったかしら？

■図表 1　ラオックスのセグメント別業績

（2014年12月期、2020年12月期は遊太の予想数値）

（単位：百万円）	2012年12月期	2013年12月期	2014年12月期(予)	2020年12月期(予)
売上高	22,947	33,149	66,000	112,000
国内店舗事業	11,496	13,113	46,000	92,000
中国出店事業	8,260	15,091	15,100	15,100
貿易仲介事業	2,361	4,115	4,100	4,100
その他事業	830	830	800	800
営業利益	-904	-1,664	2,600	8,580
国内店舗事業	231	441	4,710	10,690
中国出店事業	-764	-1,223	-1,220	-1,220
貿易仲介事業	-418	-451	-450	-450
その他事業	47	93	90	90
連結調整額	-527	-526	-530	-530
当期純利益	-1,356	-3,245	1,560	5,150
EPS（円）	-2.5	-6.0	2.9	9.5

■図表2　ラオックスの月次来客数

	1月	2月	3月	4月	5月	6月	7月	8月	9月	10月	11月	12月	合計
2012年	20,510	11,359	11,863	32,826	22,058	35,222	51,732	46,588	17,457	3,109	2,308	3,535	265,567
2013年	3,428	9,261	8,536	18,769	14,062	20,287	30,222	44,677	30,788	29,381	27,269	27,885	264,565
2014年	39,553	55,340	60,736										1,236,580
2014年前年比(%)	1054%	498%	612%										367%

2012年1～3月 **4.4万人**

2014年1～3月 **15.5万人**

遊太の予想値

ポイント　遊太は、来客数に比例して売上高や営業利益が増加すると予想している

34

〈勤〉競争力のある製品をもっている銘柄を選ぶ

――PERが過小評価されているセイコー

僕が選んだのは腕時計の大手、セイコーです。中国人が日本に観光で来た際に購入されることが多いんです。

日本が世界に誇るブランドやな!

◎クオーツ時計の売行きに期待

3社で国内シェア90%以上を占めるセイコー、シチズン、カシオは、どこも2014年3月期の業績が好調みたいね。

はい。2014年3月期では、セイコーのウォッチ事業が25%、シチズンの時計事業が16%、カシオのコンシューマ事業が16%もの売上高増加を達成しています(図表1)。

これも中国インバウンド需要?

そう思われます。具体的な影響額は公表されていませんが、各社ともに、懸念されていた中国個人消費の成長鈍化が一服し、百貨店を中心に高価格品が好調であることを好業績の理由に挙げているので、中国インバウンド需要に支えられた成長だといえます。

ふーん、中国人ってスイス製のド派手な時計とかのほうが好きなんちゃう?

たしかにスイスからの輸出が伸びているのは、日本勢が強いクオーツ式より、機械式の腕時計のようです。しかし、中国人の腕時計購入価額は平均6万円ほどなので、その価格帯であれば、図表2の通りクオーツ時計で順調な日本製腕時計は、中国需要が伸びれば、今後も売上高を伸ばすはずです。

◎業界最先端をいく技術力

インバウンド需要で今後も腕時計が売れるとして、なんでセイコーにしたのかしら。

一番大きい要因はPERが2015年3月期予想で8・5倍と、シチズンの15・3倍やカシオの14・3倍と比べて低く、過小評価であることです。この背景には、成熟産業としてPBRで見られている点、中国の景気がまだ不透明な点があると思いますが、中国インバウンド需要は当分底堅いと思います。それが明らかになった時点で、PERでの評価がなされるはずです。そのため、目標株価は他の2社平均PER14・8倍をかけた716円とします。

うーん、でも業界は一緒なんやから、PERが低いってことは、それだけ成長性がない会社に思われてるんちゃう?

いえ、先ほどの中国人の平均購入価額からみて、次の中価格帯の腕時計を買うとなると、アナログ時計で幅広い価格帯でラインナップを揃えているセイコーが強いはずです。加えて次世代高機能腕時計であるGPSソーラー腕時計を世界初で売り出すなど業界最先端をいく技術力は健在で、高付加価値戦略と上手くかみ合えばまだまだ成長余地はあるはずです。

ふーん、会社製品の競争力やマーケットの分析に、株価分析を合わせる。これまで教わったことに忠実な手堅い分析ね。

34 勤が銘柄選びに使ったセイコーのデータ

■図表1　国内3社の腕時計セグメント業績

(単位：百万円)	2012年3月期	2013年3月期	2014年3月期	2014年3月期 前年比伸び率
売上高				
セイコー：ウォッチ事業	112,452	121,022	150,739	25%
シチズン：時計事業	143,408	142,593	165,621	16%
カ シ オ ：コンシューマ事業	215,331	227,862	264,407	16%
セグメント利益				
セイコー：ウォッチ事業	7,380	7,874	12,253	56%
シチズン：時計事業	13,047	10,957	17,215	57%
カ シ オ ：コンシューマ事業	14,643	26,554	35,504	34%
全社セグメント利益（調整前）に占める割合				
セイコー：ウォッチ事業	91%	124%	83%	
シチズン：時計事業	67%	73%	64%	
カ シ オ ：コンシューマ事業	116%	104%	107%	

（有価証券報告書より）

■図表2　日本のウオッチ完成品総出荷（輸出+国内出荷）金額の推移［機種別］

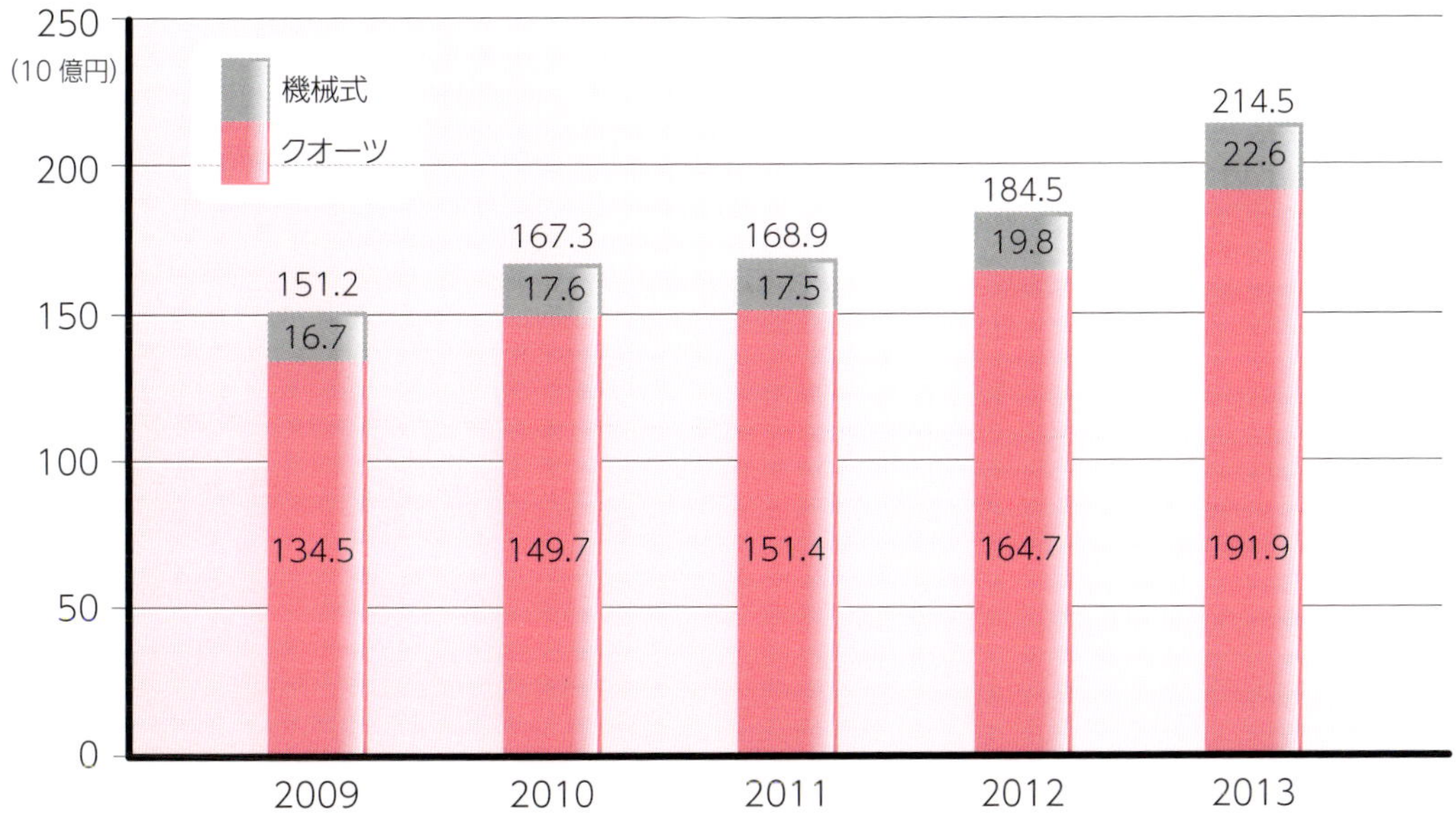

ポイント
勤は、腕時計業界の安定成長を享受し、業界内でもPERが割安な点を評価

35 〈彩〉国内需要拡大の恩恵をダイレクトに受ける銘柄を選ぶ

——需要をとらえた結果が利益に現れやすいコーセー

私が調べてきたのは国内大手の化粧品の製造・販売会社のコーセーよ。中・高価格帯の化粧品が訪日観光客に人気らしいの。業界最大手の資生堂と比較しながら説明するわ。

◎事業展開地域と収益性に注目

両社の主要ブランドは図表1の通り。CMでお馴染《なじ》みのものが多いわね。

なんで資生堂ではなくコーセー?

注目したのは事業展開地域(図表2)と収益性(図表3)よ。いずれの結果からもコーセーのほうがインバウンド需要を大きくとらえられると判断したの。

コーセーは国内売上高比率がほぼ9割。資生堂の5割弱に比べて、国内需要拡大の恩恵をダイレクトに受けることができそうですね。

資生堂は営業利益率が国内11%、海外2%弱で全然違うんやな。

資生堂は海外事業の収益性改善が課題なの。国内市場での需要が増したとしても、海外が現状のままだと株価評価のうえで足を引っ張る形になりかねないわ。

事業地域による違いはわかりました。

収益性(営業利益率)で比べても、2014年3月期では、コーセー10%に対して資生堂7%弱とコーセーに分がありそうや。コーセーの営業利益率10%は、資生堂の国内営業利益率11%と比較しても遜色《そんしょく》あらへん。2015年3月期も好調を維持する見込みやね。

これには両社が定めた中期経営計画の違いも影響しているの。資生堂は2014年4月に新社長に交代して、戦略を大きく転換している時期なのよ。ブランドを刷新するうえで多少の費用の発生は仕方なしとされる可能性があるわ。一方でコーセーは、2017年3月期の業績目標の実現に向けてコスト体系を見直していて、効率的なマーケティングにつながっているの。この先1年間で考えると、コーセーのほうが需要をとらえた結果が利益に現れやすいといえるわ。

◎業績予想はマイナス成長

ただ、両社の2015年3月期の業績予想は営業利益マイナス成長と控えめな印象を受けるけど、これはなんでなん?

化粧品市場全体の動向は、国内景気動向が影響しているようなの。2014年3月期の業績はアベノミクスの影響で消費が戻っていたことに加えて、4月からの消費税増税(5%↓8%)を控えた駆け込み需要があったようね。

各社、増税に伴う駆け込み需要の反動と消費者心理の冷え込みを織り込んでいるわけですね。

その通り。業界全体としてインバウンド需要などの要因をもって予想を超えられるかという疑問は残るけれど、業界全体の成長が実現されたときにはコーセーが収益性・事業セグメントの面からより恩恵を受けるってことね。

35 彩が銘柄選びに使ったコーセーのデータ

■図表１ 資生堂とコーセーの主要ブランド一覧

〈資生堂〉 MAQuillAGE ／ ELIXIR ／ TSUBAKI ／ Makeup etc.

〈コーセー〉 雪肌精 ／ INFINITY ／ ESPRIQUE etc.

■図表２ 国内・海外化粧品等の売上高・営業利益比較（2014年３月期、コーセーは営業利益を非開示）
＊コーセーの国内売上高にはアメニティ製品事業、不動産賃貸事業を含むと仮定。

（単位：百万円）		資生堂	コーセー
売上高	国内	349,718	165,688＊
	海外	402,213	24,361
	その他	10,114	
	合計	762,047	190,049
営業利益	国内	39,460	
	海外	7,659	
	その他	2,523	
	合計	49,644	18,934
売上高（%）	国内	46%	87%
	海外	53%	13%
営業利益（%）	国内	79%	
	海外	15%	
営業利益率（%）	国内	11%	
	海外	2%	

■図表３ 営業利益率推移（＊2015年３月期は会社予想数値）

	2012年３月期	2013年３月期	2014年３月期	2015年3月期（予）＊
資生堂	5.7%	3.8%	6.5%	5.4%
コーセー	6.9%	7.0%	10.0%	9.8%

ポイント

彩は、事業展開地域と収益性から
インバウンド需要を大きくとらえられると判断

36

投資候補の銘柄3つを1つに絞り込む

——業界成長を重視するか、企業独自の成長を期待するか

なんだか、どれもいい銘柄に見えちゃうわ。

そうですね。どれにしましょう。

3社とも悪くないから悩むなあ。

◎業績が下振れするリスクは？

私は、今回みんなが選んできた銘柄を2種類に分けて考えるのがいいと思う。業界として安定的に伸びる可能性が高いセイコーか、会社特有の理由で業界とは異なった成長性が期待されるラオックス、コーセーか。

そうですね。ラオックスのように、長い目で見て高成長が期待されるのは魅力的な一方、目先の業績として本当に黒字転換するのか、ある程度の利益水準はすでにマーケットに織り込まれていないか、不安は残ります……。

なにつまらんこと言っとるんや。そんな小さいこと気にしとるうちは、紀香先生みたいな人には到底好かれへんで！

がーん……。

まあまあ、落ち着いて考えましょ。たしかにラオックスの業績は、もし遊太くんの言う通りになるなら大化けすると思う。でも、業績が下振れするリスクも高い気がするの。仮に、ラオックスの来客数が前年比4・7倍でなく4倍、国内店舗売上高が3・5倍でなく3倍になった場合は、どうなるのかしら？

そうなった場合、連結営業利益は17億円、1株当たり当期純利益1・9円になるなあ。ヤマダ電機のPER17倍を掛けると、株価は32円が妥当になるなあ。

PERで見ても、足元の株価は一定水準の利益成長が織り込まれているわけですね。

ここまで感応度が高いとは驚きや。JNTOの発表では、中国人観光客の1〜3月の前年比増加率は87％増に留まるわけやし。ラオックスの成長性は観光客全体の動向よりも突出していて、目先の下振れリスクの解消要因が見つからへん限り、投資は難しいかもなあ。

◎PERの割安感はどうか？

では、コーセーはどうでしょうか。

業績的には、控えめな会社予想は十分達成可能だと思うわ。でも、PERで見ると、足元では資生堂と比べても割安感がなくなってしまって、他の銘柄よりも強く推奨できる理由が見つかりにくいの。

そうすると、勤のセイコーかなあ。

業界成長性としても安心感があるなかで、PERで見て唯一割安感があるものね。勤くん、とてもいい銘柄を見つけたわね。

では、僕らの初投資はセイコーで決定ですね。どれだけ上がってくれるか、楽しみです。

ようやく3人の買う銘柄が決定しました。皆さんの銘柄選択プロセスは、3人と比べてどうでしたか？
それでは、結果を確認してみましょう。

36 セイコーか、ラオックスか、コーセーか

銘柄を2種類に分けて考える

- **業界の安定成長が見込める**
  - セイコー
- **企業独自の成長性が期待できる**
  - ラオックス → 業績に下振れリスクがある
  - コーセー → PERに割安感がない

ポイント まず、将来性のある業種を選び、そのなかで成長が期待でき、割安感のある銘柄を選択する

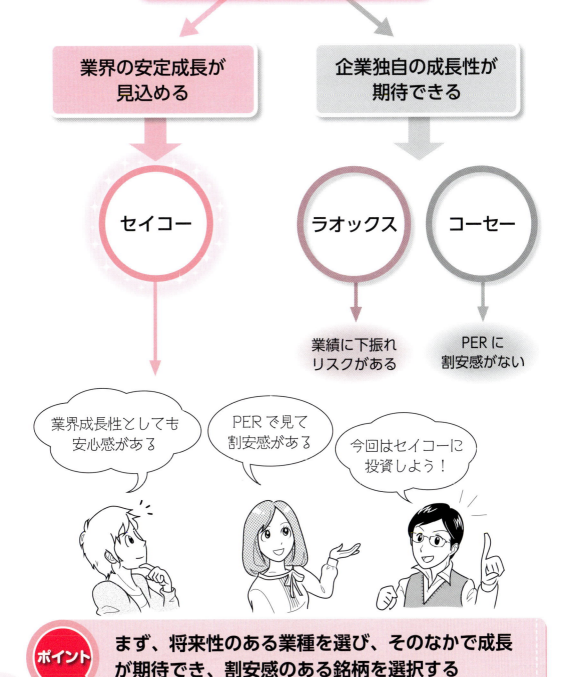

37

〈2015年3月の現実〉選んだ銘柄は1年後どうなったか？

――基本はファンダメンタルに沿って株価が変動する

私たちが選んだ銘柄は1年経って、どうなったのかしら？

◎3社ともTOPIXを上回る

上昇幅は、TOPIX30・5%に対して、ラオックス495・9%、コーセー94・1%、セイコー49・3%でした。

どの銘柄もTOPIXを上回ったわね。でも、せっかくならセイコーではなくラオックスを選べばよかったわ。

ほらな！　と言いたいとこやけど、じつは選ばなくてほっとしてるんや。

業績予想のことですね。遊太くんは2014年12月期の売上高660億円、営業利益26億円を予想していましたが、結果は売上高502億円、営業利益17億円でした。

そうなんや。来客数も116万人（前年比4・3倍）と俺の予想には届かへんかった。長期的な成長性をとらえて、PERは38倍まで上昇してるけど、今回の俺の予想みたいに外したときの下落が恐いな……。

◎今後はブランド戦略による競争が激化

私のコーセーも94・1%と大きく上昇したわ。売上高は前年比8・4%の成長、営業利益は同19・6%の伸びを記録して、利益はいずれも会社予想を上回ったわ。売上高は過去最高を更新して順調に成長しているみたい。

増税や円安に伴う物価高の影響はありましたが、国内市場が回復局面にあって、化粧品出荷統計額を見ても前年比4・3%増加したようですね。

営業利益の増加は、効率的なマーケティングと販管費の抑制に支えられたようね。コーセーの売上高販管費率は2014年3月期の65・5%から15年3月期には64・7%へ低下したの。資生堂が68・6%から71・2%へ上昇したことに比べて、予想通りコーセーにとって利益が出やすい1年だったわ。

僕が選んだセイコーだって手堅い分析通りに株価を上げましたよ。目標の株価716円は12月5日に達成し、このときの終値で売っていたら79・8%の上昇幅でした。2015年3月期の業績もウォッチ事業に関しては売上高5・5%増、営業利益0・7%増と前期会社予想を超える結果でした。

純利益は特別利益のおかげで達成したけど、広告宣伝費や労務費の増加、電子デバイス事業など他事業の計画未達で、前期末時点の会社予想より営業利益は低かったようやな。

そうでしたね。カシオは営業利益を前年比38・1%、シチズンは同17・6%も増加させていて、予想通り業界全体として好調です。

ただ、その好調さもどこまで続くか、見極めが難しいわ。今回セイコーが広告宣伝費にお金を使ったように、今後は各社のブランド戦略による競争が激しくなりそうね。

37 3人が選んだ3銘柄の1年後の株価

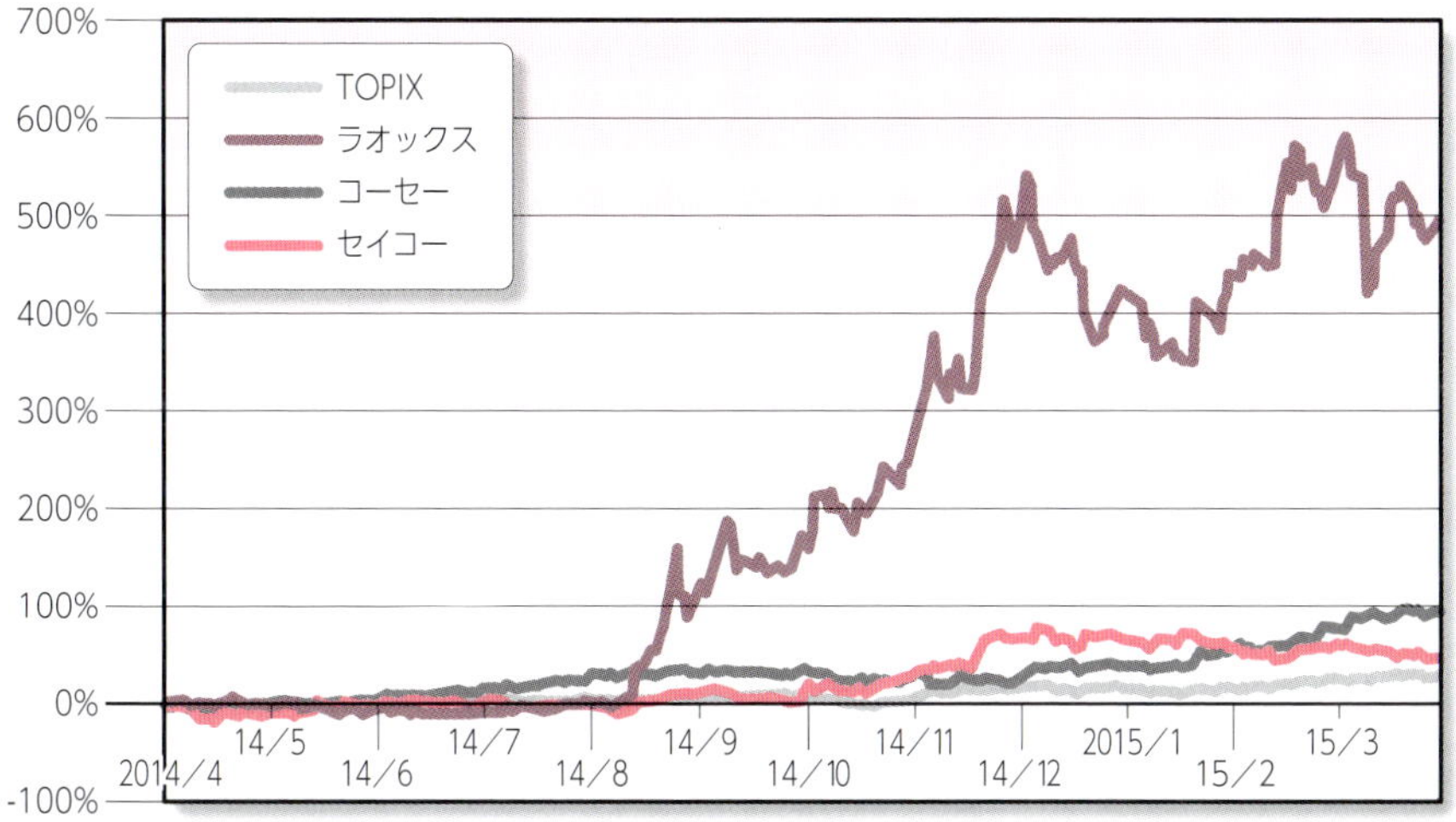

■3社の業績（会社期初予想、実績）

（単位：百万円）	2014年度期初予想	2014年度実績	予想と実績の変化率（%）
ラオックス			
売上高	44,000	50,196	14.1%
営業利益	275	1,736	531.3%
経常利益	255	1,778	597.3%
当期純利益	非開示	1,242	N/M
コーセー			
売上高	193,000	207,821	7.7%
営業利益	19,000	22,647	19.2%
経常利益	19,300	25,106	30.1%
当期純利益	10,200	12,057	18.2%
セイコー			
売上高	290,000	293,472	1.2%
営業利益	16,000	11,667	-27.1%
経常利益	13,000	12,373	-4.8%
当期純利益	10,000	21,778	117.8%

■3社の株価、PER

	2014/4/1	2015/3/31	投資期間の変化率（%）
株価（円）			
ラオックス	49	292	495.9%
コーセー	3,415	6,630	94.1%
セイコー	406	606	49.3%
PER（倍）			
ラオックス	N/M	37.9	
コーセー	19.0	27.0	
セイコー	8.5	10.4	

ポイント

株式投資では、ファンダメンタル分析が基本。正確な業績予想が株価予想のカギ！

QUIZ! クイズで身につく株式投資力 ③

金利と株価の関係

金融政策決定会合が行われ、日銀が金利を2%から1%へ引き下げました。

金融政策決定会合とは、金融市場の調節方針など、日本銀行の金融政策の運営方針を決定する会議で、総裁と2人の副総裁、6人の審議委員のメンバーで話し合われ、月に1～2回程度開かれるものです。

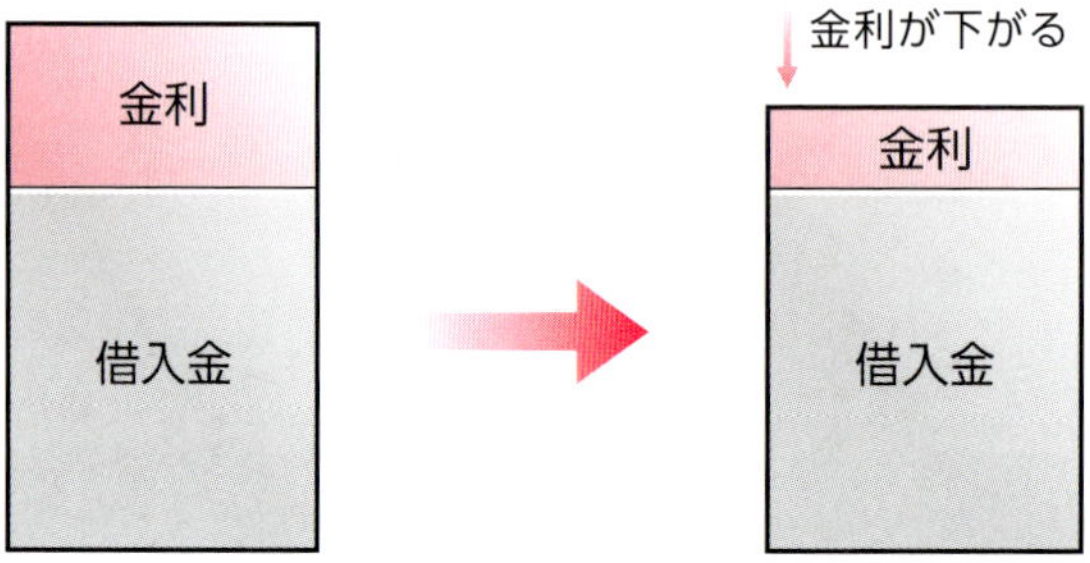

金利が下げられたことで、以前よりも利息が減るため、会社は資金の借入がしやすくなります。この政策によって、株式市場はどういう動きを見せるでしょうか？

①金利が下がったことで資金を調達しやすくなり、それにより設備投資を行い、業績が向上し株価も上がる。
②金利が下がったことで資金を多く調達し、そのぶん有利子負債が増え、業績が悪化し株価が下がる。

金利と株価は一見関係がないように思えますが、金利の上下変動は、会社の設備投資に影響を与えます。

金利が下がることで設備投資が活発になれば、株価上昇につながります。一方、金利が上昇し設備投資が控えられれば、株価下落を招くことになります。

したがって、これらを判断するためには日本の金利政策の大きなトレンドをつかまなくてはなりません。とくに、金融政策決定会合などの重要会議には注意が必要です。

答　①

負けない投資法7原則

その1 ◉身近な銘柄に投資する

関連ニュースが業績や株価に与える影響を予想しやすい会社を選ぼう

その2 ◉ファンダメンタルを重視する

数字の裏づけに基づき、将来性が期待できる、財務体質の安定した会社を選ぼう

その3 ◉分散投資をする

様々な業種の会社に投資し、特定の変化に対する株価変動リスクのバランスを取ろう

その4 ◉ルールをつくる

買値から○%上がったら売る、○%下がったら損切りをすると言う自分なりの取引ルールを持とう

その5 ◉余ったお金で投資する

気持ちにゆとりを持って、株式投資に取り組もう

その6 ◉日々の情報に敏感になる

状況の変化をしっかりと捉えるために、ニュースをこまめにチェックしよう

その7 ◉自ら考えて投資する

情報を鵜呑みにせず、自ら導き出した投資アイデアを信じよう

◆著者略歴

東京大学株式投資クラブ Agents

2002年に発足した、東大生のみのメンバーからなる株式投資クラブ。株式投資を通じて、経済・政治をはじめとする社会情勢を学び、世界の動きを感じとり、多様な人と出会うことを目標とする。レポートの発表や講師を招いての勉強会、企業訪問を行う一方、学生投資家という立場を活かし、学生を含む金融のアマチュアと金融の世界との仲介人（Agent）になれればという思いで、学園祭にて講演会を主催したり、メディア活動をしたりと、対外的な活動にも力を注ぐ。卒業生の進路は、証券会社や投資運用会社ばかりでなく、外資系コンサルティングファーム、政府系金融機関、監査法人、官公庁など多岐にわたり、日本の金融・実業界を支える人材を数多く輩出している。

本書は、本クラブにおける4期生の村上礼（経済学部卒）、5期生の石原圭祐（経済学部卒）、6期生の小野真吾（工学部卒）が共同で執筆を担当した。
■東京大学株式投資クラブ Agentsの公式サイト
http://www.ut-agents.com/

●装画・本文イラスト（P3、各章扉、会話部分）／サノマリナ（ブックプラス）
●編集協力／ことぶき社

◎本書は2011年7月に弊社より刊行された『東大生が書いた世界一やさしい株の教科書』（PHP文庫）を図解化し、加筆、修正し再編集したものです。

［図解］東大生が書いた世界一やさしい株の教科書

2016年1月5日　第1版第1刷発行

著　者　東京大学株式投資クラブ Agents
発行者　小林成彦
発行所　株式会社PHP研究所
東京本部　〒135-8137　江東区豊洲5-6-52
エンターテインメント出版部　☎03-3520-9616（編集）
普及一部　☎03-3520-9630（販売）
京都本部　〒601-8411　京都市南区西九条北ノ内町11

PHP INTERFACE　http://www.php.co.jp/
組版・図版・イラスト・装丁　齋藤稔（株式会社ジーラム）
印刷所　図書印刷株式会社
製本所　株式会社大進堂

ISBN978-4-569-82753-7